国学经典丛书
名家注译本

论语

杨逢彬 注译

长江出版传媒
长江文艺出版社

图书在版编目（CIP）数据

论语 / 杨逢彬注译. -- 武汉 : 长江文艺出版社, 2015.7(2023.9 重印)
(国学经典丛书)
ISBN 978-7-5354-8033-0

Ⅰ. ①论… Ⅱ. ①杨… Ⅲ. ①儒家②《论语》—注释③《论语》—译文 Ⅳ. ①B222.2

中国版本图书馆 CIP 数据核字(2015)第 105044 号

责任编辑：张远林　　责任校对：毛季慧
封面设计：新华智品　　责任印制：邱　莉　杨　帆

出版：长江出版传媒　长江文艺出版社
地址：武汉市雄楚大街 268 号　　邮编：430070
发行：长江文艺出版社
电话：027—87679360
http://www.cjlap.com
印刷：三河市百盛印装有限公司

开本：880 毫米×1230 毫米　1/32　　印张：6.75
版次：2015 年 7 月第 1 版　　2023 年 9 月第 5 次印刷
字数：149 千字

定价：68.00 元

总　序

郭齐勇　武汉大学国学院院长

国学大师钱穆先生曾说“今人率言‘革新’，然革新固当知旧”。对现代人尤其是青年一代来说，缺乏的也许不是所谓的“革新力量”，而是“知旧”，也即对传统的了解。

中国文化传统的源头，都在中国古代经典当中。从先秦的《诗经》《易经》，晚周诸子，前四史与《资治通鉴》，骚体诗、汉乐府和辞赋，六朝骈文，直到唐诗、宋词、元曲和明清小说，在传统经典这条源远流长的巨川大河中，流淌着多少滋养着我们精神的养分和元气！

《说文解字》上说“经”是一种有条不紊的编织排列，《广韵》上说“典”是一种法、一种规则。经与典交织运作，演绎中国文化的风貌，制约着我们的日常行为规范、生活秩序。中国文化的基调，总体上是倾向于人间的，是关心人生、参与人生、反映人生的，当然也是指导人生的。无论是春秋战国的诸子哲学，汉魏各家的传经事业，韩柳欧苏的道德文章，程朱陆王的心性义理；还是先民传唱的诗歌，屈原的忧患行吟，都洋溢着强烈的平民性格、人伦大爱、家国情怀、理想境界。尤其是四书五经，更是中国人的常经、常道。这些对当下中国人治国理政，建构健康人格，铸造民族精魂都具有重要意义。经典是当代人增长生命智慧的源头活水！

长江文艺出版社历来重视中华民族优秀传统文化的传播及普及，近年来更在阐释传统经典、传承核心文化价值，建构文化认同的大纛下努力向中国古典文化的宝库掘进。他们欲推出《国学经典丛书》，殊为可喜。

怎么样推广这些传统文化经典呢？

古代经典和现代读者的阅读习惯及趣味本来有一定差距，如果再板起面孔、高高在上，只会让现代读者望而生畏。当然，经典也不是任人打扮的小姑娘，一味将它鸡汤化、庸俗化、功利化，也会让它变味。最好的办法就是，既忠实于经典的原汁原味，又方便读者读懂经典，易于接受。在这个原则的指导下，《国学经典丛书》首先是以原典为主，尊重原典，呈现原典。同时又照顾现实需要，为现代读者阅读经典扫除障碍，对经典作必要的字词义的疏通。这些必要精到的疏通，给了现代读者一把迈入经典大门的钥匙，开启了现代读者与古圣先贤神交的窗口。

放眼当下出版界，传统文化出版物鱼目混珠、泥沙俱下，诸多出版商打着传承古典文化的旗号，曲解经典，对现代读者尤其是广大青少年认知传承经典起了误导作用。有鉴于此，长江文艺出版社推出的《国学经典丛书》特别注重版本的选取。这套丛书30个品种当中，大多数择取了当前国内已经出版过的优秀版本，是请相关领域的名家、专业人士重新梳理的。这些版本在尊重原典的前提下同时兼顾其普及性，希望读者能有一次轻松愉悦的古典之旅。

种种原因，这套丛书必然会有缺点和疏漏，祈望方家指正。

导言

一

按传统的说法，中华文明已有五千年历史，但在当今中国，以及海外华人社区，无论是社会精英所掌握的有文字记载的所谓“大传统”，抑或是一般市民和农夫的生活所代表的所谓“小传统”，简言之，每个中国人的一举手一投足所凸现出的中国气派，无不可以从2400年前“轴心时代”的一部经典——《论语》中找到根源。

“轴心时代”是德国哲学家卡尔·雅斯贝斯（Karl Jaspers）提出的理论。在这一光辉灿烂的时期，希腊、巴比伦、印度和中国四大文明发源地都经历了“哲学的突破”，即对人所处的宇宙的本源有了较为理性的认识，对人类所处的位置及“人之所以为人”有了新的理解。

在中国，离开了孔子和《论语》，“哲学的突破”这一命题就无从谈起。我们说，中国哲学是伦理型的，哲学体系的核心是伦理道德学说。如果说西方各种文化形态重在求真，中国的各种文化形态便是强调求善。旧时代从硕学鸿儒到武术教师，教徒弟的第一课便是如何做人，如何讲“德”。他们让学生或徒弟背诵的座右铭或警句，多出自《论语》。

中国的传统道德资源，经过几十年的弃若敝屣之后，在某些通都大邑简直成了稀罕物，讲求道德者往往被看作是傻瓜，以致有人惊呼当今是一个物欲横流、铜臭熏天的世界。但在若干“民智未开”的穷乡僻壤，我们古代典籍中蕴含的道德观念却依然留存。村夫农妇，或许他们一字不识，其言语行为中却处处体现着“仁、义、礼、智、信、忠、孝、温、良、恭、俭、让”等为人处世之道，并以此言传身教。这类所谓“礼失求诸野”的现象说明了传统道德观念确实历久不灭，深入人心；同时也促使我们再也不能“舍弃自家无尽藏，沿街托钵效贫儿”（朱熹诗）了。我们需要重读《论语》，它是中国人的人生教科书。

《论语》究竟讲的是什么呢？

《论语》的核心思想，历来有两种看法，其一是“仁”，其一是“礼”。

历来研究《论语》的人多认为《论语》主要是讲“仁”的，认为《论语》重在讲“礼”的主要有王源、戴震、陈沣、王先谦及现代的柳诒徵、李大钊、陈独秀、侯外庐、蔡尚思、赵纪彬等。

杨伯峻先生认为《论语》的核心是“仁”。他做了一个统计：《左传》中“礼”字出现了462次，“仁”字只出现了33次；而《论语》中“礼”字出现75次（《论语词典》统计“礼”字出现了74次，见《论语译注》311页），“仁”字出现了109次（《论语译注·试论孔子》16页）。

我们认为，《论语》的核心思想确实是“仁”。

《论语》中的“仁”一词不能一概而论。从大的方面说，它指在天下范围内行仁政；从小的方面说，它指“爱人”，指忠恕，指做人的根本——孝悌。要做一个真正的“仁人”很难，但每个人随时随地都可一点一滴地行善——践履仁德。

一、“仁”是人之所以区别于禽兽的本质所在，人活着就要践履仁德；同时，“仁”也是人生追求的最高境界与目标。志士仁人，一方面时时与“仁”同在，“不违仁”，一方面以在天下实行仁德为己任。“仁”既是最高境界与目标，义、忠、恕、孝、悌都是广义的“仁”的子项。

二、“仁”是实践“天下为公”这一最高目标的重要步骤。

在《礼记·礼运》中，记载了孔子关于“天下大同”的设想。这一设想就是所谓“博施于民而能济众”。《雍也》：“子贡曰：‘如有博施于民而能济众，何如？可谓仁乎？’子曰：‘何事于仁！必也圣乎！尧舜其犹病诸！’”能做到“博施于民而能济众”，已不只是“仁”，而可以称为“圣”了。这一点，尧舜也未必做到了呢？这可以看出，“圣”包含了“仁”，“仁”与“圣”是一致的。

三、“仁”是从日常生活中一点一滴地积累起来的。“仁”是爱人。践履仁德的方法是推己及人，由近及远。

孔子不轻易许人以“仁”，“仁”是否就高不可攀呢？不是！成仁入圣，一般人难以企及；但要践履仁德，却随时可以从身边的小事做起。“为仁由己”（《颜渊》）。“仁远乎哉？我欲仁，斯仁至矣。”（《述而》）当然，“仁”不是琐碎的道德规范，而是“一以贯之”（《里仁》）的。具体说来，“仁”即是“爱人”，“仁”的本源是孝悌。因为行仁的方法，其实就是将对亲人的爱加以推广扩充，所谓由近及远，由己及人。“老吾老以及人之老，幼吾幼以及人之幼。”（《梁惠王上》）亦即宋代张载所谓“民吾胞也，物吾与也”。这种将亲情之爱推广到极限的“博爱”，把人类精神提扬到了“天人合一”的境界。这种精神不但可以用以疗治当今物欲横流的人类社会，同样，可以拯救因人类过度索取而面临灭顶之灾的地球家园。

四、就“仁”与“礼”的关系来看，“仁”是本，“礼”是末；“仁”是里，“礼”是表；“仁”是内容，“礼”是形式；“仁”是终极目标，“礼”是保证这一目标得以实现的一种约束，是规范与制度。

据杨伯峻先生《论语词典》统计，《论语》中“礼”一词共出现 74 次，其意义为“礼意、礼仪、礼制、礼法”。我们以为，礼仪、礼制、礼法都是为“天下归仁”这一目标服务的。

二

班固的《汉书·艺文志》说：“《论语》者，孔子应答弟子、时人及弟子相与言而接闻于夫子之语也。当时弟子各有所记，夫子既卒，门人相与辑而论纂，故谓之《论语》。”《文选·辩命论》李善注引《傅子》也说：“昔仲尼既殁，仲弓之徒追论夫子之言，谓之《论语》。”由此可知：“论语”的“论”是“论纂”的意思，“论语”的“语”是语言的意思。“论语”就是把“接闻于夫子之语”“论纂”起来的意思。《论语》是记载孔子及其若干学生言语行事的一部书。“论语”的名字是当时就有的，不是后来别人给的。

《论语》又是若干断片的篇章集合体。这些篇章的排列不一定有什么道理；就是前后两章间，也不一定有什么关连。而且这些断片的篇章绝不是一个人的手笔。《论语》一书，篇幅不大，却出现了不少重复的章节。这种现象只有下面这个推论合理：孔子的言论，当时弟子各有记载，后来才汇集成书。所以，《论语》绝不能看作某一个人的著作。《论语》的作者有孔子的学生。《子罕》：“牢曰：‘子云：吾不试，故艺。’”“牢”是人名，相传他姓琴，字子开，又字子张。这里不称姓氏只称名，这种记述方式和《论语》的一般体例不相吻合。因此，便可以作这样的推论，这一章是琴牢本人的记载，编辑《论语》的人，“直取其所记而载之耳”（日本学者安井息轩《论语集说》中语）。又，《宪问》说：“宪问耻。子曰：‘邦有道，谷；邦无道，谷，耻也。’”“宪”是原宪，字子思。显然，这也是原宪自己的笔墨。

《论语》的篇章不但出自孔子的不同学生之手，而且还出自他的不同的再传弟子之手。这里面不少是曾参的学生的记载。如《泰伯》这一章不能不说是曾参的门弟子的记载。又如《子张》这一段又像子张或子夏的学生的记载。又如《先进》这一章是闵损的学生追记的，因而有这一不经意的失实。

《论语》一书有孔子弟子的笔墨，也有孔子再传弟子的笔墨，那么，著作年代便有先有后了。这点，在词义的运用上也适当地反映了出来。譬如“夫子”一词，在较早的年代一般指第三者，相当于“他老人家”，直到战国，才普遍用为指称对话者，相当于“你老人家”。《论语》的一般用法都是相当于“他老人家”的，孔子学生当面称孔子为“子”，背后才称“夫子”，别人对孔子也是背后才称“夫子”。只是在《阳货》中有两处例外，言偃对孔子说，“昔者偃也闻诸夫子”；子路对孔子也说，“昔者由也闻诸夫子”，都是当面称“夫子”，开战国时运用“夫子”一词的词义之端。《论语》著笔有先有后，其间相距或者不止于三五十年，由此可以窥见一斑。

《论语》一书的最后编定者，应是曾参的学生。第一，《论语》不但对曾参无一处不称“子”，而且记载他的言行较孔子其他弟子为多。《论语》中单独记载曾参言行的，共有十三章。第二，在孔子弟子中，不但曾参最年轻，而且有一章记载着曾参将死之前对孟敬子的一段话。孟敬子是鲁大夫孟武伯的儿子仲孙捷的谥号。假定曾参死在鲁元公元年（前436），则孟敬子之死更在其后，那么，这一事的记述者一定是在孟敬子死后才著笔的。孟敬子的年岁我们已难考定，但《檀弓》记载着当鲁悼公死时，孟敬子对答季昭子的一番话，可见当曾子年近七十之时，孟敬子已是鲁国执政大臣之一了。则这一段记载之为曾子弟子所记，毫无可疑。《论语》所叙的人物和事迹，再没有比这更晚的，那么，《论语》的编定者就是这些曾参的学生。因此，我们说《论语》的著笔当开始于春秋末期，而编辑成书则在战国初期。

《论语》传到汉朝，有三种不同的本子：(1)《鲁论语》20篇；(2)《齐论语》22篇，其中20篇的章句很多和《鲁论语》相同，但是多出《问王》和《知道》两篇；(3)《古文论语》21篇，也没有《问王》和《知道》两篇，但是把《尧曰篇》的“子张问”另分为一篇，于是有了两个《子张篇》。篇次也和《齐论》《鲁论》不一样，文字不同的计四百多字。《鲁论》和《齐论》最初各有师传，到西汉末年，安昌侯张禹先学习了《鲁论》，后来又讲习《齐论》，于是把两个本子融合为一，但是篇目以《鲁论》为根据，号为《张侯论》。张禹是汉成帝的师傅，其时极为尊贵，所以他的这一个本子便为当时一般儒生所尊奉，后汉灵帝时所刻的《熹平石经》就是用的《张侯论》。《古文论语》是在汉景帝时由鲁恭王刘馀在孔子旧宅壁中发现的，当时并没有传授。直到东汉末年，大学者郑玄以《张侯论》为依据，参照《齐论》《古论》，作了《论语注》。在残存的郑玄《论语注》中我们还可以略略窥见《鲁》《齐》《古》三种《论语》本子的异同。今天，我们所用的《论语》本子，基本上就是《张侯论》。

《论语》自汉代以来，便有不少人注解它。《论语》和《孝经》是汉朝初学者必读之书，一定要先读这两部书，才进而学习“五经”。“五经”就是今天的《诗经》《尚书》（除去伪古文）、《易经》《仪礼》和《春秋》。看来，《论语》是汉人启蒙书的一种。汉朝人所注释的《论语》，基本上全部亡佚，今日所残存的，以郑玄（127-200，《后汉书》有传）注为较多，因为敦煌和日本发现了一些唐写本残卷，估计十存六七；其他各家，在何晏（190-249）《论语集解》以后，就多半只存于《论语集解》中。现在《十三经注疏》中的《论语注疏》就是用何晏《集解》和宋人邢昺（932-1010，《宋史》有传）的《疏》。至于何晏、邢昺前后还有不少专注《论语》的书，可以参看清人朱彝尊（1629—1709，《清史稿》有传）的《经义考》、纪昀（1724-1805）等人的《四库全书总目提要》以及唐代陆德明（550左右—630左右）的《经典释文序录》和近人吴承仕先生的《疏证》。

关于《论语》的书，可谓汗牛充栋。读者如果认为看了此书还有进一步研究的必要，可以再看下列几种书：

（1）《论语注疏》——即何晏《集解》、邢昺《疏》，在《十三经注疏》中，除武英殿本外，其他各本多沿袭阮元南昌刻本，因它有《校勘记》，可以参考。

（2）《论语集注》——宋代朱熹（1130-1200）从《礼记》中抽出《大学》和《中庸》，合《论语》《孟子》为《四书》，自己用很大功力作《集注》。从明朝至清末，科举考试，题目都从《四书》中出；所做文章的义理，也不能违背朱熹的见解，这叫做"代圣人立言"，影响很大。另外朱熹对于《论语》，不但讲"义理"，也注意训诂，故这书无妨参看。

（3）刘宝楠（1791-1855）《论语正义》——清代儒生多不满意唐、宋人的注疏，所以陈奂（1786-1863）作《毛诗传疏》，焦循（1763-1820）作《孟子正义》。刘宝楠便依焦循作《孟子正义》之法，作《论语正义》。后因病而停笔，由他的儿子刘恭冕（1821-1880）继续写定。所以这书实为刘宝楠父子共著。征引广博，折中大体恰当。只因学问日益进展，昔日的好书，今天便可以指出不少缺点，但参考价值仍然不小。

(4) 程树德（1877－1944）《论语集释》，征引书籍达 680 种，虽仍有疏略可商之处，因其广征博引，故可参考。

(5) 杨树达（1885–1956）《论语疏证》。这书把三国以前所有征引《论语》或者和《论语》的有关资料都依《论语》原文疏列，时出己意，加案语，值得参考。

(6) 杨伯峻（1909－1992）《论语译注》。张政烺先生说："在今注中确有极高的学术价值的，可以达到雅俗共赏的境地。杨伯峻的《论语译注》《孟子译注》《春秋左传注》就是其中的佼佼者。《论语》《孟子》成书较早，杨注虽对于典章制度的注释小有不足，但其解决难点，疏通文意，都有独到之处。"我们以为，张先生的评价大体是平实的。但是"学问日益进展，昔日的好书，今天便可以指出不少缺点，但参考价值仍然不小"。

(7) 杨逢彬（1956–）《论语新注新译》。这书将现代语言学方法特别是语法学方法与传统训诂学方法相结合，采用电脑穷尽搜索例句，对《论语》中一百五十余个古今见仁见智的疑难词句进行了考证，提高了这些疑难词句解读的准确性与可信度。

当然，读者如有兴趣，也可参考我的《论语新注新译》一书中的《导言》部分，其中对近几十年注《论语》诸书有简要评介。①

三

《论语》流传至国外，有一个由近及远，先东亚，后欧美的过程。

自汉武帝采纳董仲舒的建议，"罢黜百家，独尊儒术"之后，

① 这一部分大多是杨伯峻先生《论语译注·导言》的缩写。

孔子和《论语》逐渐获得了至高无上的地位。随着中国文化向周边国家扩散，《论语》也先后传至越南、朝鲜和日本。

公元前111年（汉武帝元鼎六年），南越国灭亡，越南北方从此成为中国的一部分，达一千余年，获得独尊地位的儒术，包括《论语》等经典，也随之传入越南。

公元374年，朝鲜半岛上的百济开始设立“博士”一职。此职专掌儒家经典的传授。而早在汉代，《论语》就已传入朝鲜。640年（唐贞观十四年），半岛上的高句丽、新罗、百济三国遣世子和贵族子弟至唐，入国子监研习《论语》等儒家经典。

公元513、516、554年，百济三次遣“五经博士”赴日本传授儒家学说，《论语》当于此时传入日本。768年（唐大历三年），天皇依唐朝国子监的规定，诏称孔子为“文宣王”。此前，日本依唐律称孔子为“先圣文宣父”。

《论语》之译为西方语言是在16世纪末。艾儒略（J. Aleni）在《大西利先生行述》一文中介绍意大利人利玛窦（Matteo Ricci，1552-1610）“曾将中国《四书》译为西文，寄回本国，国人读而悦之，知中国古书，能识真源……皆利子之力也”。所谓“西文”，这里指拉丁文。1591年（明万历十九年）利玛窦着手翻译《四书》，1594年完成，但不幸未能出版而散佚了。

清初，曾在中国传教的意大利耶稣会士殷铎泽（Prosper Intercetta，1625-1696）和葡萄牙耶稣会士郭纳爵（Ignatius da Casta，1599-1666）用拉丁文合译了《论语》。该译本于1687年由比利时耶稣会士柏应理（Philippus Couplet，1624-1692）出版于巴黎，是为《论语》首次在欧洲刊行。书名为《中国哲学家孔子》（Confucius，Sinarum Philosophus），中文标题为《西文四书解》，另收有《大学》和《中庸》。出版之后，反响强烈。1688、1691年，《中国哲学家孔子》分别在法英两国出版了法文、英文的节译本。广大民众于是有了接触孔子思想的机会，这引起了整个西欧对中国的赞扬。到18世纪，谈到整个世界，人们总是说“从中国到秘鲁”。

1711年，布拉格大学刊印了比利时传教士卫方济（Franciscus Noël，1651–1729）用拉丁文译的《四书》。卫氏1687年来华，15年后回欧洲。

第九届驻北京东正教传道团修士大司祭雅金夫·比丘林（Н. Я. Ђичурин，1777–1853）和俄罗斯科学院院士王西里（В. Л. Васипъеь，1818–1900）分别于1821年之后和1840–1850年间将《论语》译为俄文出版。列夫·托尔斯泰读《论语》时，写信给契诃夫说：“我在读儒家著作，这是第二天了。难以想象，它们达到了不同寻常的精神高度。”“我正沉湎于中国的智慧之中，极想告诉您和大家这些书籍给我带来的精神上的教益。”他承认，在他成年以后，在东方哲学家中，孔子、孟子对他影响“很大”。

包括《论语》在内的《四书》传到美国是在18世纪末或19世纪初，有英、法、拉丁等译本。美国超验主义代表人物爱默生（R. W. Emerson，1803–1882）和梭罗（H. D. Thoreau，1817–1862）对这些经典都爱不释手，诗人维切尔·林赛（V. Lindsay，1879–1931）则以引吭高歌来表达他对孔子的热爱：愿我们是孔子时代的学士，眼望着古老的中国倾倒如山……

此外，18世纪初至19世纪中叶，《论语》还出版了瑞典语、德语、罗马尼亚语的译本。

今天，《论语》已被译成几十种文字，它的总印数仅次于《圣经》，而高于其他任何一部畅销书。随着以《论语》为主的儒家经典的传播，儒学已成为世界人文科学的热点。1994年孔子诞辰2545周年之际，国际儒学联合会在北京成立了。新加坡内阁资政李光耀任名誉理事长，韩国成均馆馆长崔德根任理事长。洙泗之水“盈科而后进”的涓涓细流，终于汹涌澎湃地“放乎四海”。

二十世纪至本世纪将《论语》译为英文的还有英国传教士马歇曼（J. Marshman，1768-1837）、柯大卫（David Collie）以及汉学家翟理思（翟林奈 L . Giles，1875-1958）等人，质量较高的则有理雅各、韦利（亚瑟·威利）及刘殿爵三人的译本。理氏所译为 19 世纪书面语体英文，喜用复句，措词古雅，对于年轻读者，未免有些难懂；刘译出版于 1979 年，用口语语体，喜用单句，通俗易懂，但风格上与原文不免有所出入。韦利所译在时间和风格上都介于二者之间：文字比较简练，接近原文风格，甚至在表达方式上也力争逼肖原文。

四

读者如稍微翻阅此书，不难看出，本书的注解，是用了一些现代语言学方法，特别是语法学方法的。如果欲知其详，如本文第二部分末尾所言，可以读我的另一著作，北京大学出版社 2015 年出版的《论语新注新译》。该书的《导言》对我这样做的理由有较为详细的解释，书中的《考证》部分则是将上述方法，作了较为淋漓尽致地贯彻——考释了《论语》中古今见仁见智的疑难词句 150 余例。限于本书的普及本大众化性质，这里不可能详加论证，只能就我们这样做的理由稍加说明。

某一学科的进步，往往是方法的进步在先。顾颉刚先生在《近世治古典之数巨子》一文中认为，近三百年来“治古典”成就最大者当属王念孙、王国维、杨树达。在方法上，王国维先生有“二重证据法”，成就巨大，此处姑置不论。至于高邮王氏，杨树达先生认为其成功，除了明了音义相通之故外，更由于有较强的“文法观念”。他说：“其书虽未能成为系统整然之文法学，而文法学材料之丰富与精当，固未有过之者也。盖王氏父子文法观念之深，确为古人所未有，故其说多犁然有当于人心也。”

至于杨树达先生的“治古典”，即整理古籍，与高邮王氏相比较，有两点进步。一是总结“通创大例”，即总结经验，加以升华，归纳出若干规律，再将其用于实践。他说：

> 盖予循声类以探语源，因语源而得条贯，其径程如此。独念胜清三百年间，小学如日中天，臻于极盛。金坛段君、高邮王君夐绝一世，其于通创大例，固未有闻。毋乃上苍欲昭明此土文化于人类，姑假手于予，令略窥仓颉诅诵以来先民制作之精意者乎？

一是自觉走语法、训诂相结合的道路。他说：

> 治国学者必明训诂，通文法。近则益觉此二事相须之重要焉。盖明训诂而不通文法，其训诂之学必不精；通文法而不明训诂，则其文法之学亦必不至也。

对于杨树达先生的成就，陈寅恪先生在来信中说：

> 当今文字训诂之学，公为第一人，此为学术界之公论，非弟阿私之言。

因此不能不说，以训诂学和语法学相结合来整理古书，是成效卓著的。杨伯峻先生的学问，更集中于语法研究和古籍整理两个方面，他的《论语译注》《孟子译注》《春秋左传注》是中华书局出版的《中国古典名著译注丛书》中最好的几种，这也不能不归功于他同时是一位语法学家。

现在的汉语语法学，较之杨树达先生和杨伯峻先生的语法学研究，已经有了很大的发展。充分运用这些成果，潜心研究，来考释中国古籍，必将取得较《论语译注》等书更大的成就，这是毋庸置疑的。但后来的语法学家，专注于语言本体研究，都不曾全面运用已经大大发展的语法学，以之专门注释一部古籍。这是我做《论语新注新译》的初衷。无须讳言，我的语言学素养，在国内，远不是最好的。如有国内一流的语言学家，同时也长期教授古代汉语或古典文献，能沉下心来做这项工作，想必会比我做得好。但目前未见有人这样做，也就不揣愚陋而勉力承乏了。

1993年，我跟随郭锡良先生读博士学位，主攻的是汉语语法学。在武汉大学文学院教书时，曾教授过普通语言学数十轮，也曾长期担任古代汉语及经典导读的课程；尤其是在国学试验班讲授《论》《孟》《老》《庄》之际，有好学深思的学生不断提问，促使我加以思考。于是在2004年——当时《殷墟甲骨刻辞词类研究》已经出版，下一阶段准备研究金文的词类——我抱着做做票友的态度，开始研究起《论语》中的疑难词句来了。哪知这一开始，便陷了进去，到2014年4月将《论语新注新译》全稿交付北大出版社为止，整整做了十年！书中对《论语》中一百五十多个古今仁智互见的疑难词句进行了考证。差可自信的是，至少在疑难词句的解读方面，《论语新注新译》较之《论语译注》是有较大进步的。

读者现在翻阅的这部书，不难发现，《论语新注新译》的研究成果大多体现于其中。只是限于本书的体例，不能将整个论证过程一一呈现出来，读者谅之！即便如此，如果上文所言不虚，那么本书的译和注，就准确性、可信度而言，同样较之《论语译注》是有较大进步的。

目　　录

学而篇第一

共十六章

1.1 子曰[①]："学而时习之，不亦说乎[②]？有朋自远方来，不亦乐乎？人不知，而不愠[③]，不亦君子乎？"

【注释】 ①子：《论语》"子曰"的"子"都是指孔子。②说："悦"的古字，喜悦。③愠：音 yùn，怨恨。

【译文】 孔子说："学过了，再定时地实习它，不也高兴吗？朋友从远方来，不是很快乐吗？别人不了解我，我也不怨恨，不也是君子吗？"

1.2 有子曰[①]："其为人也孝弟[②]，而好犯上者，鲜矣[③]；不好犯上，而好作乱者，未之有也[④]。君子务本，本立而道生。孝弟也者，其为仁之本与[5]！”

【注释】 ①有子：孔子学生，姓有名若，比孔子小三十三岁。②弟：音 tì，“悌”的古字，弟弟对兄长的正确态度。③鲜：音 xiǎn，少。④未之有也：可以理解为“未有之也”；先秦时代，否定句中宾语若是“之”，一般放在动词之前。⑤与：“欤”的古字。

【译文】 有子说：“他的为人，既孝顺父母，又尊敬兄长，却喜欢冒犯上级，这种人很少；不喜欢冒犯上级，却喜欢造反，这种人是从来没有的。君子专注于基础工作，基础树立了，‘道’也就产生了。孝顺父母，尊敬兄长，这就是‘仁’的基础吧！”

1.3 子曰：“巧言令色[1]，鲜矣仁！”

【注释】 ①巧言令色：巧，高明，有技巧，这里指说话动听；令，美，善，这里用以形容满脸堆笑的谄媚样子；色，脸色。

【译文】 孔子说：“花言巧语，满脸堆笑，这种人，是没有多少仁德的。”

1.4 曾子曰[1]：“吾日三省吾身[2]：为人谋而不忠乎？与朋友交而不信乎[3]？传不习乎？”

【注释】 ①曾子：孔子学生，名参（shēn），字子舆，南武城（在今山东枣庄市附近）人，比孔子小四十六岁（前 505—前 435）。②三省（xǐng）：多次地反省。“三”“九”等字，一般表示次数多，不是实数。如果这“三”字是实指以下三件事而言，依《论语》的句法就应当是“吾日省吾身者三”，和《宪问篇》的“君子说者三”一样。这里所反省的恰恰是三件事，只是巧合罢了。③信：诚。

【译文】 曾子说：“我每天多次反省：为别人办事是不是尽心竭力了

呢？和朋友交往是不是诚实守信呢？老师传授我的学业是不是复习了呢？”

1.5 子曰：“道千乘之国①，敬事而信②，节用而爱人③，使民以时④。”

【注释】 ①道千乘之国：道，治理；千乘之国，乘，音 shèng，用四匹马拉的兵车。有一千辆兵车的国家，在孔子之时已经不是大国。②敬事：敬业，工作严肃认真。③爱人：孔子时代，“人”常常指他人，“爱人”即爱别人，爱他人。赵纪彬《论语新探》说《论语》中的“人”都指奴隶主，“民”指奴隶，是经不起文献的检验的。详见译注者另一著作《论语新注新译》（北京大学出版社 2015 年出版）的《附录》部分之《也谈〈论语〉中的“人”与“民”》。④使民以时：古代以农业为主，“使民以时”就是《孟子·梁惠王上》的“不违农时”。

【译文】 孔子说：“治理具有千辆兵车的国家，办事要严肃认真，诚实无欺，节约费用，爱护他人，役使老百姓要在农闲时间。”

1.6 子曰：“弟子①，入则孝，出则悌②，谨而信③，泛爱众，而亲仁④。行有余力，则以学文。”

【注释】 ①弟子：这里指年纪幼小的人。②入、出：指“入父宫”，“出己宫”；宫，古代房屋的通称，后来词义缩小，才专指帝王的住所。③谨：谨慎。这里的“谨”不是寡言少语的意思；因为《论语》时代典籍中找不到可以释为“少言”的“谨”。详见北京大学出版社《论语新注新译》这一章的《考证》。④仁：仁人。古代汉语中常用某一具体的人或事物的特征、性质来指代那一具体的人或事物。

【译文】 孔子说：“后生小子，在父母跟前，就孝顺他们；离开自己房子，便敬爱兄长；谨慎而且信实，博爱大众，亲近有仁德的人。这样实践之后，有剩余力量，便凭着它去学习文献。”

1.7 子夏曰[①]：“贤贤易色[②]；事父母，能竭其力；事君，能致其身[③]；与朋友交，言而有信。虽曰未学，吾必谓之学矣。”

【注释】　①子夏：孔子的学生，姓卜名商，字子夏，比孔子小四十四岁（前507—?）。②贤贤易色：尊贤轻色。第一个“贤”是形容词的意动用法，“尊敬”的意思，第二个“贤”指贤人。易，轻视。何晏《集解》引孔安国说：“言以好色之心好贤则善。”按孔说，“易”是交换的意思。果如孔说，按当时句法，则当为“以贤贤易色”；所以，本章的“易”，只能是“轻视”的意思。《左传》襄公四年“戎狄荐居，贵货易土，土可贾焉”。“贤贤易色”正与“贵货易土”句式相同。详见北大出版社《论语新注新译》这一章的《考证》。③致：献。

【译文】　子夏说：“尊敬贤者，轻视美色；侍奉爹娘，能尽全力；侍奉君上，能够献身；和朋友相交，说话一定诚实守信。这种人，即便没有系统学习过，我一定说他已经学过了。”

1.8 子曰：“君子不重则不威[①]；学则不固[②]。主忠信[③]。无友不如己者。过则勿惮改。”

【注释】　①君子：这个词是引号中整段话的主语。②学则不固：孔安国说：“固，蔽也。”根据“固”在《论语》时代典籍中的用法，我们以为他的这一说法较为可信。③主：以……为主。详见北大出版社《论语新注新译》这一章的《考证》。

【译文】　孔子说：“君子，如果不庄重，就没有威严；他如果学习了，就不致固陋无知。要以忠、信两种品德为主。要交比自己强的朋友。有了错误，就不怕改正。”

1.9 曾子曰："慎终，追远，民德归厚矣[①]。"

【注释】 ①德：品行；又特指好的品行，即道德。

【译文】 曾子说："谨慎地对待父母的去世，追念远代祖先，老百姓的品行便归于忠厚老实了。"

1.10 子禽问于子贡曰[①]："夫子至于是邦也[②]，必闻其政，求之与，抑与之与？"子贡曰："夫子温、良、恭、俭、让以得之。夫子之求之也，其诸异乎人之求之与[③]？"

【注释】 ①子禽：陈亢（kàng），字子禽；子贡，孔子学生，姓端木，名赐，字子贡，卫人，比孔子小三十一岁（前520—？）。②夫子：古代的一种敬称，凡是做过大夫的人，均可受此称谓。孔子曾为鲁国司寇，所以其学生称他夫子，后来沿袭以称呼老师。在一定场合下，也用以特指孔子。③其诸：大概，或者。

【译文】 子禽问子贡道："他老人家一到那个国家，一定听到该国的政事，是主动打听来的呢？还是别人主动告诉的呢？"子贡说："是他老人家凭温和、善良、严肃、节俭、谦逊的美德取得的。他老人家的取得它，大概和别人的取得它，不相同吧！"

1.11 子曰："父在，观其志[①]；父没[②]，观其行[③]；三年无改于父之道[④]，可谓孝矣。"

【注释】 ①其：这里指儿子。②没："殁"的古字，死。③行：音xìng。④道：有时无论好坏、善恶都可叫做"道"，更多时候表示善的好的东西。

【译文】 孔子说："当他父亲健在时，（因为他无权独立行动，）要观察他的志向；父亲死了，要考察他的行为；如果多年不改变他父亲的合理部分，就可以说是‘孝’了。”

1.12 有子曰：“礼之用，和为贵①。先王之道，斯为美。小大由之，有所不行②；知和而和，不以礼节之，亦不可行也。”

【注释】 ①和：适合，恰当，恰到好处。②以前几乎所有注本这一章都是这样标点的：“有子曰：‘礼之用，和为贵。先王之道，斯为美；小大由之。有所不行，知和而和，不以礼节之，亦不可行也。’”即“小大由之”和“有所不行”是用句号隔开的。我们现在这样标点的理由是，“不……；亦不……”结构，一般是两个相互呼应的复句。详见北大出版社《论语新注新译》这一章的《考证》。

【译文】 有子说：“礼的作用，以和谐为可贵；过去圣明君王的治理天下，以这一点最为美好。但是，小事大事都循此而行，有些事就不一定能行得通了；为了和谐而和谐，不用礼仪制度来节制，也是行不通的。”

1.13 有子曰：“信近于义，言可复也①。恭近于礼，远耻辱也②。因不失其亲③，亦可宗也④。”

【注释】 ①复：实现诺言。②远：音 yuàn，使……远离，避免。③因：通“姻”。孔安国说：“言所亲不失其亲，亦可宗敬。”为什么不依照杨伯峻先生《论语译注》将“因不失其亲，亦可宗也”译为“依靠关系深的人，也就可靠了”？乃是由于当时语言中，当“因”表“依凭”义时，一般不带“不失其亲”这样的谓词性结构作宾语。详见北大出版社《论语新注新译》这一章的《考证》。④宗：尊敬。

【译文】 有子说：“信守的诺言符合义，说的话就能实现。举止庄重合于礼，就能避免受侮辱。对姻亲保持亲近，（这种态度）也是值得推崇的。”

1.14 子曰："君子食无求饱[①]，居无求安，敏于事而慎于言，就有道而正焉[②]，可谓好学也已。"

【注释】 ①君子：此处指有德者。②正：匡正。

【译文】 孔子说："君子，吃饭不要求能饱，居住不要求舒适，干事情勤劳敏捷，说话却谨慎，到有道的人那里去匡正自己，这样，就可以说是好学了。"

1.15 子贡曰："贫而无谄，富而无骄，何如?"子曰："可也；未若贫而乐道，富而好礼者也。"

子贡曰："《诗》云：'如切如磋，如琢如磨'[①]，其斯之谓与[②]?"子曰："赐也[③]，始可与言《诗》已矣，告诸往而知来者[④]。"

【注释】 ①这两句诗见《诗经·卫风·淇奥》。②其斯之谓与：斯之谓，谓斯；斯，这个；与，后来写作"欤"。③赐：子贡的名，孔子对学生都称名。④告诸往而知来者：诸，相当于"之"，指子贡；往，过去的事，这里指已知的事；来者，未来的事，这里指未知的事。

【译文】 子贡说："贫穷而不阿谀奉承，有钱而不骄傲自大，怎么样?"孔子说："可以了；不过，还不如虽贫穷却乐于道，虽有钱却谦虚好礼呢。"

子贡说："《诗经》上说：'要像对待骨、角、象牙、玉石一样，先切料，然后粗粗锉出模型，再精雕细刻，最后磨光。'就是这样的意思吧?"孔子说："赐呀，现在可以和你说说《诗经》了。告诉你一点，你就能举一反三，有所发挥了。"

1.16 子曰："不患人之不己知[①]，患不知人也。"

【注释】 ①己知：不知己，不了解自己；知，了解。

【译文】 孔子说："别人不了解我，我不担心；我担心的是自己不了解别人。"

为政篇第二

共二十四章

2.1 子曰："为政以德，譬如北辰[1]，居其所而众星共之[2]。"

【注释】 ①北辰：北极星。②共：同"拱"，环绕，环抱。

【译文】 孔子说："用道德来行使政令，便会像北极星一样，在自己的位置上，别的星辰都环绕着它。"

2.2 子曰："《诗》三百[1]，一言以蔽之，曰：'思无邪[2]。'"

【注释】 ①《诗》三百：《诗经》实有三百零五篇。②思无邪：见《诗经·鲁颂·駉》，郑《笺》解释为："思遵伯禽之法，专心无复邪意也"。可见"思"在这里是动词。详见北大出版社《论语新注新译》这一章的《考证》。

【译文】　孔子说："《诗经》三百篇，用一句话来概括它，就是'想要归于纯正'。"

2.3 子曰："道之以政[1]，齐之以刑，民免而无耻[2]；道之以德，齐之以礼，有耻且格[3]。"

【注释】　①道：同"导"，引导。②免：免罪，免刑。③格：来，引申为归服，向往。

【译文】　孔子说："用政法来诱导他们，用刑罚来整顿他们，老百姓只会暂时免于罪过，却没有羞耻之心。如果用道德来诱导，用礼教来整顿，老百姓不但有羞耻之心，而且人心归服。"

2.4 子曰："吾十有五而志于学[1]，三十而立[2]，四十而不惑[3]，五十而知天命，六十而耳顺[4]，七十而从心所欲，不逾矩。"

【注释】　①有：同"又"。古人在整数和小一位的数字之间多用"有"字。②立：何晏《集解》："有所成立也。"③不惑：《子罕》《宪问》都有"知（智）者不惑"。④耳顺：郑玄说："耳闻其言，而知其微旨也。"即知其微言大义。

【译文】　孔子说："我十五岁，有志于学问；三十岁，即小有所成，能够自立；四十岁，（掌握了各种知识，）不会迷惑；五十岁，知晓了天命；六十岁，别人一说话，便能听出大旨；到了七十岁，尽管随心所欲，也不会有任何念头越出规矩。"

2.5 孟懿子问孝[1]。子曰："无违[2]。"

樊迟御[3]，子告之曰："孟孙问孝于我，我对曰，无违。"樊迟曰："何谓也？"子曰："生，事之以礼；死，葬之以礼，祭之以礼[④]。"

【注释】 ①孟懿子：鲁国大夫，三家之一，姓仲孙，名何忌，"懿"是他死后追赠的谥号。②无违：古人凡违礼者谓之"违"。③樊迟：孔子学生，名须，字子迟，比孔子小四十六岁。④事之以礼，葬之以礼，祭之以礼：这话是针对鲁国当时把持朝政的三家大夫用诸侯之礼，甚至用天子之礼的"僭越"行为而说的。可参3.1。

【译文】 孟懿子问孔子什么是孝道。孔子说："不要违背礼节。"

后来，樊迟为孔子驾车，孔子便告诉他说："孟孙向我问孝道，我答复他说，不要违背礼节。"樊迟道："这是什么意思？"孔子说："父母健在，按规定的礼节服侍他们；去世了，按规定的礼节埋葬他们，祭祀他们。"

2.6 孟武伯问孝[①]。子曰："父母唯其疾之忧。"

【注释】 ①孟武伯：即仲孙彘，孟懿子的儿子，"武"是谥号。

【译文】 孟武伯向孔子请教孝道。孔子说："父母有病，孝子总是担忧。"

2.7 子游问孝[①]。子曰："今之孝者，是谓能养，至于犬马[②]。皆能有养[③]，不敬，何以别乎？"

【注释】 ①子游：孔子学生，姓言名偃，字子游。②至于：扩大到……延及……。《论语》时代"至于"很难说有"至于说到"的意义。③皆能有养：皆，都，全。按，《论语》的时代，"皆"没有"连……都"的意义。有养，古书中"有养"都是"被养"的意思。

【译文】 子游请教孝道。孔子说："如今的所谓孝，说的是要能够奉养父母，连父母的狗和马都要养着。父母和狗马都能养着，若不发自肺腑地孝顺父母，又如何区别奉养父母和饲养狗马呢？”

2.8 子夏问孝。子曰：“色难[①]。有事，弟子服其劳；有酒食，先生馔[②]，曾是以为孝乎[③]？”

【注释】 ①色难：指儿子侍奉父母时的表情。详见北大版《论语新注新译》这一章的《考证》。②有事，弟子服其劳；有酒食，先生馔：弟子，指年幼者；先生，年长者；馔，音 zhuàn，吃喝。③曾：音 céng，竟，难道。

【译文】 子夏请教孝道。孔子说：“儿子在父母跟前经常有快乐的表情，是很难的。有事情，年轻人出力；有酒有菜，年长的人受用。难道这就可以算是孝吗？”

2.9 子曰：“吾与回言终日[①]，不违，如愚。退而省其私，亦足以发，回也不愚。”

【注释】 ①回：颜回，孔子最得意的学生，鲁国人，字子渊，比孔子小三十岁（前 521—前 481）。

【译文】 孔子说：“我整天和颜回谈学问，他从不提反对意见和疑问，像个傻瓜。等他回家自己研究，却也能有所发挥。颜回呀不傻。”

2.10 子曰：“视其所以[①]，观其所由[②]，察其所安[③]。人焉廋哉？人焉廋哉[④]？”

【注释】 ①所以：表示行事的方法和途径。②所由：表示行事的缘由。③所安：所赖以生存，所赖以安身立命者。所以、所由、所安的详细解释，见北大出版社《论语新注新译》这一章的《考证》。④人焉廋哉：焉，何处，哪里；廋，音 sōu，隐藏，藏匿。

【译文】　孔子说："考查一个人做事的方法、途径，观察他为什么那样做的缘由，了解他赖以安身立命的是什么。那么，这个人如何能隐藏得住呢？这个人如何能隐藏得住呢？"

2.11 子曰："温故而知新，可以为师矣[①]。"

【注释】　①杨树达先生有《温故知新说》，载于《积微居小学述林全编》(上海古籍出版社 2007 年)，值得一读。文中谈"温故"与"知新"的辩证关系，谓："温故而不能知新者，其病也庸；不温故而欲知新者，其病也妄。"

【译文】　孔子说："既温习旧知识，又不断了解新知识，这样就可以做教师了。"

2.12 子曰："君子不器。"

【译文】　孔子说："君子不像器皿一般。(只有一定的用途。)"

2.13 子贡问君子。子曰："先行其言而后从之。"

【译文】　子贡问怎样才能成为君子。孔子说："先实行了你要说的，再说出来。(这就算是一个君子了。)"

2.14 子曰："君子周而不比[①]，小人比而不周。"

【注释】　①周而不比：周，是以道义为基础来团结人；比，音 bì，由于暂时的利害关系而相互勾结。

【译文】　孔子说："君子团结而不勾结，小人勾结而不团结。"

2.15 子曰："学而不思则罔[①]，思而不学则殆[②]。"

【注释】 ①罔：诬罔，受骗。②殆：音 dài，疑惑。

【译文】 孔子说："只是读书而不思考，就会受骗上当；只是冥思苦想，却不读书，就会越想越糊涂。"

2. 16 子曰："攻乎异端，斯害也已[①]。"

【注释】 ①攻乎异端，斯害也已：何晏《集解》云："攻，治也。……异端，不同归者也。"皇侃《义疏》云："攻，治也。……异端，谓杂书也。"斯，连词，"这就"的意思。也已，复合句末语气词。《论语》除这一句外，"也已"凡 14 见（其中 7 例为"也已矣"），均为复合句末语气词。这一句自不应例外。

【译文】 孔子说："研习那些不正确的学说，这就有害了。"

2. 17 子曰："由[①]！诲汝知之乎！知之为知之[②]，不知为不知，是知也[③]。"

【注释】 ①由：孔子学生仲由，字子路，卞（在今山东泗水县东）人，比孔子小九岁（前 542—前 480）。②知之：先秦时期，除了四种情况外，"知"的后面一般都要接一泛指代词"之"。详见北大出版社《论语新注新译》这一章的《考证》。③是知也：是，代词，复指前两句（例如"生存还是毁灭，这是个问题"两句中的"这"，是用来复指"生存还是毁灭"的）；知，读为"智"。

【译文】 孔子说："由！教给你探讨学问的正确态度吧！了解就是了解，不了解就是不了解，这就叫做明智。"

2. 18 子张学干禄[①]。子曰："多闻阙疑，慎言其余，则寡尤；多见阙殆[②]，慎行其余，则寡悔。言寡尤，行寡悔[③]，禄在其中矣。”

【注释】 ①子张学干禄：子张，孔子的学生颛孙师，字子张，陈人，小于孔子四十八岁（前503-?）；干禄，干，求；禄，官吏的薪水。②殆：危险，危害；这里译作“不自信”。③行：音 xìng。

【译文】 子张向孔子学求官职得俸禄的方法。孔子说：“多听，有疑问的地方，加以保留；其余足以自信的部分，谨慎地说出，就能减少错误。多看，不自信的地方，加以保留；其余足以自信的部分，谨慎地实行，就能减少懊悔。言语少错误，行动少后悔，官职俸禄就在这里面了。”

2.19 哀公问曰[①]：“何为则民服？”孔子对曰[②]：“举直错诸枉[③]，则民服；举枉错诸直，则民不服。”

【注释】 ①哀公：鲁君，姓姬名蒋，定公之子，在位二十七年（前494-前466）。“哀”是谥号。②对曰：《论语》中，臣下对答君上的询问一定用“对曰”。③举直错诸枉：举荐正直的人，并将他们放在邪曲的人之上。详见北大出版社《论语新注新译》这一章的《考证》。错，放置，后来写成“措”；诸，“之于”的合音词；枉，不正。

【译文】 鲁哀公问道：“要怎样做百姓才会服从呢？”孔子回答说：“提拔正直的人，把他们放在邪曲的人之上，百姓就服从了；如果提拔邪曲的人，把他们放在正直的人之上，百姓就不会服从。”

2.20 季康子问[①]：“使民敬、忠以劝[②]，如之何？”子曰：“临之以庄，则敬；孝慈，则忠；举善而教不能，则劝。”

【注释】 ①季康子：即季孙肥，鲁哀公时正卿，当时鲁国权势最大的人，“康”是谥号。②忠以劝：以，连词；而，且。

【译文】 季康子问道：“要使人民严肃认真，尽心尽力和互相劝勉，要如何做呢？”孔子说：“你严肃认真地对待人民的事情，他们也会严肃认真地服从你的政令了；你孝顺父母，慈爱幼小，他们也就会对你尽心尽力了；你提拔好人，教育能力弱的人，他们也就会互相勉励了。”

2.21 或谓孔子曰：“子奚不为政？”子曰：“《书》云[1]：‘孝乎惟孝，友于兄弟，施于有政[2]。’是亦为政，奚其为为政？”

【注释】 ①以下三句是《尚书》的逸文。②施于有政：施，推及，延及；有，词的前缀，加于名词之前；政，指卿相大臣。

【译文】 有人对孔子说：“先生为什么不从政？”孔子说：“《尚书》上说：‘孝字当先，只有孝顺父母，友爱兄弟，并把这种风气影响到大官那儿去。’这也算从政了啊，你说什么才算从政呢？”

2.22 子曰：“人而无信[1]，不知其可也。大车无輗，小车无軏[2]，其何以行之哉？”

【注释】 ①而：是用来连接两个谓词性结构的连词，用在这里，实际上是使“人”谓语化，即“作为一个人”的意思。②輗（ní）、軏（yuè）：都是车上的关键，没有它们，便无法套住牲口，车就无法行走。

【译文】 孔子说：“作为一个人，却不讲信用，不知道那怎么可以。这好比大车没有固定横木的輗，小车没有固定横木的軏，如何能行走呢？”

2.23 子张问：“十世可知也[1]？”子曰：“殷因于夏礼，所损益，可知也；周因于殷礼，所损益，可知也。其或继周者，虽百世，可知也。”

【注释】 ①十世可知也：从下文孔子的回答来看，可以肯定子张是问的今后十代的礼仪制度。也，同下文的“也”一样表论断，而整个句子的疑问语气是由表疑问的上扬句调来表达的。这如同豫北话问："吃了?"答："吃了。"两句中的"了"同样表完成，并非前一"了"表疑问。前句中的疑问语气是由上扬句调来表达的。因此，这里的"也"不同表疑问语气的"耶"。

【译文】 子张问："今后十代（的礼仪制度）是可以预知的吗?"孔子说："殷朝沿袭夏朝的礼仪制度，所废除的和所增加的，可以知道；周朝沿袭殷朝的礼仪制度，所废除的和所增加的，也可以知道，那么，如果有继承周朝而当政的人，即使一百代，也是可以预知的。"

2.24 子曰："非其鬼而祭之[①]，谄也[②]。见义不为，无勇也。"

【注释】 ①鬼：古代人死都叫"鬼"，一般指已死的祖先，但也偶有泛指的；祭，是向鬼神祈求福祉，和奠不同。(人刚死，陈设饮食以安其灵魂，叫做奠。) ②谄：音 chǎn，谄媚，讨好。

【译文】 孔子说："不该我所祭祀的鬼神，而去祭祀他，这是献媚。眼见应该挺身而出的事情，却袖手旁观，这是怯懦。"

八佾篇第三

共二十六章

3.1 孔子谓季氏[①]："八佾舞于庭[②]，是可忍也[③]，孰不可忍也?"

【注释】 ①孔子谓季氏：《论语》中，"～～谓～～"的格式，是"～～评论～～"的意思；而"～～谓～～曰"的格式，是"～～对～～说"的意思，二者判然不紊。有的注本根据某些语言外因素将一些"～～谓～～曰"标点为"～～谓～～，曰"，译为"～～评论～～，说……"，无疑是错误的。参见6.6注①及9.21注①。季氏，鲁国的权臣季平子，即季孙意如。②八佾（yì）：古代舞蹈奏乐，八人一行，叫一佾。八佾六十四人，只有天子才能用。诸侯用六佾。季氏作为大夫，只能用四佾。③忍：容忍。先秦时期，"忍"有忍耐、容忍义，又有忍心义。忍耐、容忍义的

"忍"的意义特征是施事忍受受事(对象)对施事的加害、刺激等等;从宾语的意义特征看,这一意义的"忍"的宾语都是说话者认为不好、有害的事物。"八佾舞于庭,是可忍也,孰不可忍也"中的"是",是指代谓词性成分"八佾舞于庭"的,也即,"八佾舞于庭"是"忍"的受事;而它绝对是孔子认为大错特错的,对孔子本人具有莫大的刺激作用。因此,其谓语动词"忍",表达的是忍耐、容忍义。详见北大出版社《论语新注新译》这一章的《考证》。

【译文】 孔子评价季氏:"他用六十四人在庭院中奏乐舞蹈,如果这都能够被容忍,还有什么事不能容忍!"

3.2 三家者以《雍》彻①。子曰:"'相维辟公②,天子穆穆',奚取于三家之堂?"

【注释】 ①三家者以《雍》彻:三家,鲁国当政的三卿;《雍》,也写作"雝",《诗经·周颂》中的一篇;彻,通"撤",撤除祭品。②相维辟公:相,音 xiàng,助祭者;辟公,天子的公卿大臣,也即诸侯。

【译文】 仲孙、叔孙、季孙三家,当他们祭祀祖先的时候,(也用天子的礼,)唱着《雍》这篇诗来撤除祭品。孔子说:"(《雍》诗有这样两句:)'助祭的是诸侯,天子严肃静穆地在那里主祭。'这两句诗,用在三家主祭的大堂上,取它的哪一点意义呢?"

3.3 子曰:"人而不仁①,如礼何?人而不仁,如乐何?"

【注释】 ①人而不仁:这一"而"字不能当"如果"讲。参见2.22注①。

【译文】 孔子说:"作为一个人,却不仁,拿礼仪制度怎么办呢?作为一个人，却不仁，拿音乐怎么办呢?”

3.4 林放问礼之本[①]。子曰：“大哉问！礼，与其奢也，宁俭；丧，与其易也[②]，宁戚。”

【注释】 ①林放：鲁人。②易：和悦，和颜悦色。详见北大出版社《论语新注新译》这一章的《考证》。

【译文】 林放问礼的本质。孔子说：“重大啊，这问题！就一般礼仪说，与其铺张浪费，宁可朴素节俭；就丧礼说，与其强忍悲痛而和颜悦色，宁可大放悲声。”

3.5 子曰：“夷狄之有君，不如诸夏之亡也[①]。”

【注释】 ①亡：同“无”。“亡”后面承前句省略了“君”字。当时语言中有这样一种格式：“N1 之 V1，不如 N2 之 V2”（N 指名词，V 指谓语），意思是“N1 的 V1，比不上 N2 的 V2”。例如《墨子·鲁问》：“子之为鹊也，不如匠之为车辖。”“夷狄之有君，不如诸夏之亡也”正属于这一格式。这一规律是杨柳岸发现的。详见北大出版社《论语新注新译》《附录》之杨柳岸《“严夷夏大防”抑或“重君臣大义”》（又载《中国哲学史》2009 年 4 期）。

【译文】 孔子说：“野蛮人的国家虽然有君主，还不如中国没有君主呢。”

3.6 季氏旅于泰山[①]。子谓冉有曰[②]：“女弗能救与?”对曰：“不能。”子曰：“呜呼！曾谓泰山不如林放乎[③]?”

【注释】 ①旅：祭山。按规定，只有天子和诸侯才有祭祀名山大川的资格。②冉有：孔子的学生冉求，字子有，小孔子二十九岁（前

522—?)。当时他在季氏手下任职。③可参看3.4。

【译文】 季氏打算去祭祀泰山。孔子对冉有说："你不能阻止他吗？"冉有答道："不能。"孔子说："啊呀！竟可以说泰山还不如林放（懂礼，居然接受这不合规定的祭祀了）吗？"

3.7 子曰："君子无所争。必也射乎！揖让而升，下而饮。其争也君子①。"

【注释】 ①详见《仪礼》之《乡射礼》和《大射礼》。登堂而射，中靶少的罚酒。

【译文】 孔子说："君子没有什么可争的事情。定要有所争，一定是比箭吧！那时相互作揖后登堂（竞赛），然后下堂喝酒。这种竞争是很有君子风度的。"

3.8 子夏问曰："'巧笑倩兮①，美目盼兮②，素以为绚兮③。'何谓也？"子曰："绘事后素。"

曰："礼后乎？"子曰："起予者商也④！始可与言《诗》已矣。"

【注释】 ①倩：音qiàn，容貌姣好。②盼：黑白分明。③绚：音xuàn，有文采；以上一、二句诗，见《诗经·卫风·硕人》，第三句可能是逸句。④起：通达凝滞。

【译文】 子夏问道："'启齿一笑酒窝微张，明眸如清泉闪着亮光，白皙在红颜间勾出瑰丽的纹章。'这几句诗说的什么？"孔子说："在绘画中，（先画各种彩色，）后用白色勾勒出文采。"

子夏说："那么，天生丽质，还要用礼仪来约束吗？"孔子说："让我开窍的，就是你卜商哪！现在可以同你讨论《诗经》了。"

3.9 子曰："夏礼，吾能言之，杞不足征也①；殷礼，吾能言之，宋不足征也②。文献不足故也③。足，则吾能征之矣。"

【注释】　①杞：国名，夏禹的后代，故城在今河南杞县。②宋：国名，商汤的后代，故城在今河南商丘市南。③文献：文，典籍；献，贤者。

【译文】　孔子说："夏朝的礼，我能说出来，它的后代杞国不足以作证；殷朝的礼，我能说出来，它的后代宋国不足以作证。这是两国的历史文献和贤者不够的缘故。如果够，我们就可以引以为证了。"

3.10 子曰："禘自既灌而往者①，吾不欲观之矣。"

【注释】　①禘自既灌而往：禘礼是古代一种极为隆重的大祭之礼，只有天子才能举行。周成王因为周公旦对周朝有莫大的功勋，特许他举行禘祭。以后周公旦的封国——鲁国的历代君主都沿此惯例，"僭"用禘礼，因此孔子不愿看。灌，本作"祼"，祭祀中的一个项目——用活人（称为"尸"，一般用童男童女）以代受祭者。第一次献酒给尸，使他（她）闻到"郁鬯"（一种配以香料煮成的酒）的香气，叫做"祼"。

【译文】　孔子说："禘祭，从第一次献酒以后，我就不想看了。"

3.11 或问禘之说。子曰："不知也①！知其说者之于天下也，其如示诸斯乎②！"指其掌。

【注释】　①不知也：禘是天子之礼，鲁国举行，在孔子看来，是完全不应该的。但孔子不想明白指出，只得说"不欲观"，"不知也"，甚至说"如果有懂得的人，他对于治理天下就好像把东西放在手掌上一般容易"。②示诸斯：示之于此，在这里展示它。详见北大出版社《论语新注新译》这一章的《考证》。诸，"之于"的合音。

【译文】 有人向孔子请教关于禘祭的知识。孔子说："不了解啊！知道的人对于治理天下，就好像把东西展示在这里一样容易吧！"一边说，他一边指着自己的手掌。

3.12 祭如在[①]，祭神如神在。子曰："吾不与祭，如不祭。"

【注释】 ①祭：本义为祭祀祖先。

【译文】 孔子祭祖的时候，便好像祖先真在那里；祭神的时候，便好像神真在那里。孔子说："我如果不能亲自参加祭祀，还不如不祭（，决不请别人代理）。"

3.13 王孙贾问曰[①]："与其媚于奥，宁媚于灶[②]，何谓也？"子曰："不然；获罪于天，无所祷也[③]。"

【注释】 ①王孙贾：卫灵公的大臣。②与其媚于奥，宁媚于灶：这两句疑是当时俗语，意思类似今天的"县官不如现管"。奥，房屋西南角，一室之内奥为最尊。③王孙贾和孔子的问答都是用比喻，用意何在，只能揣想。有人认为这是王孙贾请教孔子的话。奥为一室之主，比喻卫灵公；灶指灵公的宠姬南子、宠臣弥子瑕，二人地位虽不高，却有权有势。祷，祈祷，这里比喻巴结、结纳。

【译文】 王孙贾问道："与其献媚于奥，宁可献媚于灶，这是什么意思？"孔子说："不对，得罪了上天，祈祷也没有用。"

3.14 子曰："周监于二代[①]，郁郁乎文哉！吾从周。"

【注释】 ①周监于二代：监，"鉴"的古字，借鉴；二代，夏、商二朝。

【译文】 孔子说："周朝的典章制度借鉴了夏、商两代的，（又有所发展，完善，）多么丰富多彩呀！我主张周朝的。”

3.15 子入太庙[①]，每事问。或曰：“孰谓鄹人之子知礼乎[②]？入太庙，每事问。”子闻之，曰：“是礼也。”

【注释】 ①太庙：古代开国之君叫太祖，祭祀太祖的庙叫太庙。周公旦是鲁国最初受封之君，因之这太庙便是周公的庙。②鄹人：鄹，音 zōu，又写作郰，地名。有人说就是今山东曲阜市东南的西邹集。“鄹人”指孔子父亲叔梁纥（hé），他曾经做过鄹大夫，而春秋时常将某地的大夫称作某人。

【译文】 孔子到了周公庙，每件事情都发问。有人说：“谁说鄹大夫的儿子懂得礼呢？他到了太庙，每件事都要问别人。”孔子听到了这话，便说：“这正是礼呀。”

3.16 子曰：“射不主皮[①]，为力不同科[②]，古之道也。”

【注释】 ①射不主皮：古代箭靶子叫“侯”，用布或用皮做成。此处的射是演习礼乐的射，以中不中为主，而不是以穿透皮侯为主的军中武射。②为力不同科：为，音 wèi，因为；同科，同等。

【译文】 孔子说：“比箭，不一定要射穿箭靶子，因为各人的力气大小不相同，这是古时的规矩。”

3.17 子贡欲去告朔之饩羊[①]。子曰：“赐也！尔爱其羊[②]，我爱其礼。”

【注释】 ①告朔之饩羊：告，音 gù；朔，每月的第一天；饩，音 xì。“告朔饩羊”，古代的一种制度：每年秋冬之交，周天子把第二年的历书颁给诸侯；诸侯将历书藏于祖庙，每月初一，便杀只活羊祭于庙，这叫做“告朔”。到孔子时候，鲁君已不亲临祖庙，只是杀只活羊敷衍罢了。所以子贡认为不必留此形式，孔子却觉得有只羊比什么也没有好。②爱：可惜，舍不得。

【译文】　子贡要把鲁国每月初一告祭祖庙的那只活羊撤去不用。孔子说：“赐呀！你舍不得那只羊，我舍不得那种礼。”

3.18 子曰：“事君尽礼，人以为谄也。”

【译文】　孔子说：“服侍君主，一切依照做臣子的礼节去做，别人却以为他献媚讨好呢。”

3.19 定公问[①]：“君使臣，臣事君，如之何？”孔子对曰：“君使臣以礼，臣事君以忠。”

【注释】　①定公：鲁国君主，名宋，昭公之弟，在位十五年（前509—前495）。“定”是谥号。

【译文】　鲁定公问：“君主役使臣子，臣子服侍君主，各自应该如何做？”孔子答道：“君主役使臣子应该依礼，臣子服侍君主应该尽忠。”

3.20 子曰：“《关雎》[①]，乐而不淫[②]，哀而不伤。”

【注释】　①《关雎》：《诗经》的第一篇。但这篇诗并没有悲哀的情调。因此刘台拱认为，《诗》有《关雎》，《乐》亦有《关雎》。古代乐章都是合三篇为一，《乐》的《关雎》包括《诗》的《关雎》和下面的《葛覃》《卷耳》两篇。乐而不淫是指《关雎》《葛覃》，哀而不伤是指《卷耳》。可备一说。②淫：过分以至于失当。

【译文】　孔子说：“《关雎》这诗，快乐而不放荡，悲哀而不伤痛。”

3.21 哀公问社于宰我[①]。宰我对曰："夏后氏以松，殷人以柏，周人以栗，曰，使民战栗。"子闻之，曰："成事不说，遂事不谏[②]，既往不咎[③]。"

【注释】 ①社：土神；哀公所问的社，是指祭祀土神时所立的木制牌位——社主，认为它是神灵所凭依。②谏：纠正。③咎：追究，归咎，谴责。

【译文】 鲁哀公请教宰我，做社主要用什么木材。宰我答道："夏代用松木，殷代用柏木，周代用栗木，意思是使人民有所畏惧而战栗。"孔子听说后，（责备宰我）说："已经做了的事不必再解释了，已经完成的事不必再挽救了，已经过去的事不必再追究了。"

3.22 子曰："管仲之器小哉[①]！"

或曰："管仲俭乎？"曰："管氏有三归[②]，官事不摄[③]，焉得俭？"

"然则管仲知礼乎？"曰："邦君树塞门[④]，管氏亦树塞门。邦君为两君之好[⑤]，有反坫[⑥]，管氏亦有反坫。管氏而知礼，孰不知礼？"

【注释】 ①管仲：春秋时齐人，名夷吾，做了齐桓公的宰相，使他称霸诸侯。②三归：三处采邑。关于"三归"有好多种解释，但只有"三处采邑"的解释最具说服力。详见北大出版社《论语新注新译》这一章的《考证》。③摄：兼职。④树：动词，立，树立；塞门，类似现在的照壁。⑤好：音 hào。⑥反坫（diàn）：用土筑成的用以放置器物的设备。

【译文】 孔子说："管仲的器量小得很哪！"

有人便问："管仲节俭吗？"孔子说："管氏有三处采邑，手下人员又从不兼差，怎么能算是节俭？”

那人又问：“那么，管仲懂得礼节吗？”孔子又说：“国君宫殿门前，立了个照壁，他管仲也立了个照壁；国君为了睦邻友好，两楹之间有反坫，他管仲也有反坫。像管仲那样的人都算懂得礼仪，那还有谁不懂得礼仪？”

3.23 子语鲁大师乐[①]，曰：“乐其可知也：始作，翕如也[②]；从之[③]，纯如也，皦如也[④]，绎如也，以成。”

【注释】 ①子语鲁大师乐：语，音 yù，告诉；大师，乐官之长；大，音 tài。②翕：音 xì。③从：音 zòng。④皦：音 jiǎo。

【译文】 孔子把演奏音乐的道理告诉给鲁国的太师，他说：“音乐，是可以透彻了解的，开始演奏时，翕翕地热烈，继续下去，纯纯地和谐，皦皦地清晰，绎绎地不绝，这样，然后完成。”

3.24 仪封人请见[①]，曰：“君子之至于斯也，吾未尝不得见也。”从者见之[②]。出曰：“二三子何患于丧乎[③]？天下之无道也久矣，天将以夫子为木铎[④]。”

【注释】 ①仪封人：仪，地名；封人，官名，大概是典守边疆的官。②从者见之：从者，孔子的随行人员，即他的学生；见之，使孔子接见他。③丧：音 sàng，失掉官位。④木铎：铃铛。公家有事要宣布，便摇这铃来召集大家。

【译文】 仪地的边防官请求孔子接见他，说道：“凡道德君子到达此地，我从没有不和他见面的。”随行学生请求孔子接见了他。他辞出后，对学生们说：“你们这些人还用得着担心国家丧亡吗？天下无道的日子太久了，（圣人也该出来了，）上天会把他老人家当做人民的导师呀。”

3.25 子谓《韶》[1]，“尽美矣，又尽善也[2]”。谓《武》[3]，“尽美矣，未尽善也”。

【注释】 ①《韶》：舜时的乐曲名。②尽美矣，又尽善也：“美”指声音，“善”指内容。舜的君位由尧“禅让”而来，故孔子认为“尽善”。周武王的王位由讨伐商纣而来，尽管是正义战，依孔子意，却认为“未尽善”。③《武》：周武王时的乐曲名。

【译文】 孔子论到《韶》，说：“美极了，而且好极了。”论到《武》，说：“美极了，却还不够好。”

3.26 子曰：“居上不宽，为礼不敬，临丧不哀，吾何以观之哉?”

【译文】 孔子说：“居于上位不宽宏大量，行礼的时候不严肃认真，参加丧礼的时候不悲哀，这叫我怎么能看得下去呢?”

里仁篇第四

共二十六章

4.1 子曰："里仁为美①。择不处仁②，焉得知③？"

【注释】 ①里：这里活用为动词，居住。②处：音 chǔ，居住。③焉得知："焉得"常常处于条件复句、因果复句的第二个从句中，本章"择不处仁，焉得知"是个条件复句。知，读为"智"。本章可和5.19"未知，焉得仁"参看。

【译文】 孔子说："住的地方，要有仁德才好。若选择居所，那儿却没有仁德，怎么能算聪明呢？"

4.2 子曰："不仁者不可以久处约①，不可以长处乐。仁者安仁，知者利仁。"

【注释】 ①约：窘困。

【译文】 孔子说："不仁的人不可以长久地处于困境中，也不可以长久地处于安乐中。仁人安于仁；（因为他只有实行仁德才心安；）聪明人利用仁。（因为他认识到实行仁德对自己有长远而巨大的利益。）"

4.3 子曰："唯仁者能好人[①]，能恶人[②]。"

【注释】 ①能：据我们全面调查，先秦汉语中"能"做谓语有褒义倾向。当它做状语时，仍带有这一特点，因此不能说有能力做不好的事。较为特殊的如"管仲非仁者与？桓公杀公子纠，不能死，又相之。"（《宪问》）这里的"不能死"是指不能为公子纠献身，此处"死"也是带有褒义的。因此翻译本章时将这一特征用"恰当地"补出。这并非什么"增字解经"，而是将隐含的语义揭示出来。②恶：音 wù，厌恶。

【译文】 孔子说："只有仁人才能够恰当地喜爱某人，厌恶某人。"

4.4 子曰："苟志于仁矣，无恶也。"

【译文】 孔子说："假如立志实行仁德，总没有坏处。"

4.5 子曰："富与贵，是人之所欲也；不以其道得之，不处也。贫与贱，是人之所恶也；不以其道得之[①]，不去也。君子去仁，恶乎成名[②]？君子无终食之间违仁[③]，造次必于是，颠沛必于是。"

【注释】 ①贫与贱……不以其道得之：有的《论语》注本认为，贫与贱，不是人人想"得之"的，应该改为"去之"。我们认为，语言并非处处必须合乎逻辑，例如我们常说的"打扫卫生""恢复疲劳"就不合逻辑，却合乎语言表达习惯；因此，若无语言内部或版本等的确证，还是不要轻易改动。详见北大出版社《论语新注新译》这一章的《考证》。②恶乎：恶，音 wū，何处；“恶乎”即“于何处”。③违：离开。

【译文】　孔子说：“发财升官，这是人人所渴望的；不是为了追求仁道却得到它，君子不接受。穷愁潦倒，这是人人所厌恶的；不是为了追求仁道却得到它，君子不离开。君子背离了仁德，怎样去成就他的声名呢？君子不会在哪怕吃一顿饭的时间背离仁德。仓促匆忙间，他与仁德同在；颠沛流离时，他与仁德同在。”

4.6 子曰：“我未见好仁者，恶不仁者。好仁者，无以尚之[①]；恶不仁者，其为仁矣[②]，不使不仁者加乎其身。有能一日用其力于仁矣乎？我未见力不足者。盖有之矣[③]，我未之见也。”

【注释】　①尚：超过。②矣：在这里用来停顿。③盖：大概。

【译文】　孔子说：“我没有见过爱好仁德和厌恶不仁德的人。爱好仁德的人，那是再好不过的了；厌恶不仁德的人，他行仁德，只是不使不仁德的东西加在自己身上。有谁能在某一天把自己的力量用在仁德上呢？我没有见过力量不够的。大概这种人还是有的，我没有见到罢了。”

4.7 子曰：“人之过也，各于其党。观过，斯知仁矣[①]。”

【注释】　①知仁：有的《论语》注本依据清代学者的说法，认为这一章的“仁”同“人”。“知仁”在秦汉典籍中并不鲜见，没有必要改读“知人”。详见北大出版社《论语新注新译》这一章的《考证》。

【译文】　孔子说：“什么样的人犯什么样的错误。仔细考察某人的过错，就可以了解他是否具有仁德了。”

4.8 子曰：“朝闻道，夕死可矣。”

【译文】　孔子说："早晨得知了真理，要我晚上死都可以。"

4.9 子曰："士志于道，而耻恶衣恶食者，未足与议也。"

【译文】　孔子说："读书人有志于真理，却又以吃粗粮穿破衣为耻辱，便不值得同他商议了。"

4.10 子曰："君子之于天下也，无适也，无莫也[1]，义之与比[2]。"

【注释】　①无适也，无莫也：适、莫很难理解，译文依据较早的郑玄注。②义之与比：可理解为"与义比"；比，音 bì，挨着，靠拢。

【译文】　孔子说："君子活在天底下，没有永恒的朋友，也不盲目钦羡，一切都取决于是否符合道义。"

4.11 子曰："君子怀德，小人怀土；君子怀刑[1]，小人怀惠。"

【注释】　①刑：古代法律制度的"刑"作"刑"，刑罚的"刑"作"荆"。

【译文】　孔子说："君子怀念道德，小人怀念乡土；君子关心法度，小人关心恩惠。"

4.12 子曰："放于利而行[1]，多怨。"

【注释】　①放：音 fǎng，依据。

【译文】　孔子说："依据自己的利益而行事，会招致许多怨恨。"

4.13 子曰："能以礼让为国乎[1]？何有[2]？不能以礼让为国，

如礼何？”

【注释】 ①为国：“为”是古代汉语中一个含义很宽泛的动词，类似于现代汉语的动词“搞”“做”“打”；这里可以译为“治理”。②何有：有何困难；这是春秋战国时常用语。

【译文】 孔子说：“能够用礼让来治理国家吗，这有什么困难呢？如果不能用礼让来治理国家，又拿这礼仪怎么办呢？”

4.14 子曰：“不患无位，患所以立[1]；不患莫己知，求为可知也。”

【注释】 ①患所以立：担心能否站得住。《左传》成公十七年：“人所以立，信、知、勇也。”沈玉成译作：“人能站得住，是由于有信用、明智、勇敢。”有的《论语》注本说这一句的“立”通“位”，不确。

【译文】 孔子说：“不发愁没有职位，只发愁没有安身立命的本领；不怕没有人了解自己，只追求可以让人了解自己的真本事。”

4.15 子曰：“参乎！吾道一以贯之[1]。”曾子曰：“唯。”

子出，门人问曰：“何谓也？”曾子曰：“夫子之道，忠恕而已矣[2]。”

【注释】 ①贯：贯穿。②忠、恕：孔子都下了定义。忠，己欲立而立人，己欲达而达人；恕，己所不欲，勿施于人。

【译文】 孔子说：“参哪！我的学说贯穿着一个基本概念。”曾子说：“是的。”

孔子走出去以后，别的学生便问道：“这是什么意思？”曾子说：“他老人家的学说，只是忠和恕罢了。”

4.16 子曰："君子喻于义[①]，小人喻于利。"

【注释】 ①喻：明白，懂得。

【译文】 孔子说："君子懂得的是义，小人懂得的是利。"

4.17 子曰："见贤思齐焉，见不贤而内自省也。"

【译文】 孔子说："看见贤人，就想着向他看齐；看见不贤的人，就反省自己（有没有和他一样的毛病）。"

4.18 子曰："事父母幾谏[①]，见志不从，又敬不违[②]，劳而不怨[③]。"

【注释】 ①幾：音jī，轻微，婉转。②违：冒犯。③劳：王引之说这一"劳"是忧愁的意思，不确；它是劳苦的意思。详见北大出版社《论语新注新译》这一章的《考证》。

【译文】 孔子说："侍奉父母，（对他们的过错，）要轻微地劝止，若见到他们的心意是不打算听从规劝，仍然恭敬地不触犯他们，虽然劳苦，但不埋怨。"

4.19 子曰："父母在，不远游，游必有方。"

【译文】 孔子说："父母在世，不出远门；如果要出远门，必须有一定的去处。"

4.20 子曰："三年无改于父之道，可谓孝矣[①]。"

【注释】 ①参见1.11，译文亦同。

【译文】 孔子说："如果多年不改变他父亲的合理部分，就可以说是孝了。"

4.21 子曰：“父母之年，不可不知也。一则以喜，一则以惧。”

【译文】 孔子说：“父母的年纪不能不时时记在心里。一来因（其高寿）而欢喜，一来又因（其寿高）而有所恐惧。”

4.22 子曰：“古者言之不出，耻躬之不逮也[①]。”

【注释】 ①耻躬之不逮：耻，以为可耻，动词；逮，音 dài，及，赶上。

【译文】 孔子说：“古时候言语不轻易出口，就是怕自身的行动赶不上。”

4.23 子曰：“以约失之者鲜矣。”

【译文】 孔子说：“因为约束自己而犯过失的，总不多见。”

4.24 子曰：“君子欲讷于言而敏于行[①]。”

【注释】 ①讷：音 nè，言语迟钝。

【译文】 孔子说：“君子希望言语要谨慎迟钝，工作要勤快敏捷。”

4.25 子曰：“德不孤，必有邻。”

【译文】 孔子说：“有道德的人不会孤单，一定会有（志同道合的人来和他做）伙伴。”

4.26 子游曰：“事君数[①]，斯辱矣；朋友数[②]，斯疏矣。”

【注释】 ①②数：音 shuò，密，屡屡。这里依上下文意当理解为

“烦琐”，参见 12.24。

【译文】 子游说：“对待君主过于烦琐，就会招致侮辱；对待朋友过于烦琐，反而会被疏远。”

公冶长篇第五

共二十八章

5.1 子谓公冶长[①]，“可妻也[②]。虽在缧绁之中[③]，非其罪也”。以其子妻之[④]。

【注释】 ①公冶长：孔子学生，齐人。②妻：这里活用为动词，音qì。③缧绁：音léi xiè，拴罪人的绳索，这里代指监狱。④子：儿女，此处指的是女儿。

【译文】 孔子评论公冶长，“可以把女儿嫁给他。他虽然在监狱里关过，但不是他的罪过。”便把自己的女儿嫁给他。

5.2 子谓南容[①]，“邦有道，不废；邦无道，免于刑戮”。以其兄之子妻之。

【注释】 ①南容：孔子的学生南宫适（kuò），字子容。

【译文】 孔子评论南容，“国家政治清明，（总有官做，）不被废弃；国家政治黑暗，也不致被刑罚”。便把哥哥的女儿嫁给他。

5.3 子谓子贱[①]，“君子哉若人！鲁无君子者，斯焉取斯？”

【注释】 ①子贱：孔子学生宓不齐，字子贱，小孔子四十九岁（前521—？）。

【译文】 孔子评论宓子贱，“这个人，君子呀！假如鲁国没有君子，这个人从哪里取来这种好品德呢？”

5.4 子贡问曰：“赐也何如？”子曰：“女，器也。”曰：“何器也？”曰：“瑚琏也[①]。”

【注释】 ①瑚琏：音hú liǎn，即簠簋，古代祭祀时用的器皿，相当尊贵。

【译文】 子贡问道：“我是一个怎样的人？”孔子说：“你好比一个器皿。”子贡说：“什么器皿呢？”孔子说：“宗庙里盛黍稷的瑚琏。”

5.5 或曰：“雍也仁而不佞[①]。”子曰：“焉用佞？御人以口给[②]，屡憎于人。不知其仁[③]，焉用佞？”

【注释】 ①雍也仁而不佞：雍，孔子学生冉雍，字仲弓；佞，音nìng，能言善辩，有口才。②口给：言辞不穷，辩才无碍；给，足。③不知其仁：不知，是孔子否定的委婉方式；这句话是说冉雍还达不到“仁”的水平。

【译文】 有人说：“冉雍这个人哪，有仁德，却缺乏口才。”孔子说：

"何必要口才呢？伶牙俐齿地和人争论，常常会使人讨厌。我不晓得冉雍仁不仁，但何必要口才呢？"

5.6 子使漆雕开仕[1]。对曰："吾斯之未能信[2]。"子说。

【注释】 ①漆雕开：姓漆雕，名开，字子若，孔子学生。②这句可以理解为"吾未能信斯"，用"之"来使宾语"斯"前置；斯，代词。

【译文】 孔子让漆雕开去做官。他答道："我对这个还没有信心。"孔子听了很高兴。

5.7 子曰："道不行，乘桴浮于海[1]。从我者，其由与？"子路闻之喜。子曰："由也好勇过我，无所取材[2]。"

【注释】 ①桴：音 fú，此字上古音近似现在的"簰"，当是"簰"的本字。②无所取材：没地方获取木材。好些《论语》注本解"无所取"为"不可取"，又说"材"通"哉"。但在先秦汉语中，我们未见"无所取"表达对某种性格、性情、态度等表示不认可、不赞同的意义，而只是表示没有"拿走"什么，因此不能理解为"不可取"。然则"材"也就不能读作"哉"了。详见北大出版社《论语新注新译》这一章的《考证》。

【译文】 孔子说："主张贯彻不了，我想坐个小木簰亡命海外，跟随我的，恐怕只有仲由吧！"子路听了这话，十分高兴。孔子说："仲由的好勇甚至超过了我，只是没有地方获取扎木簰用的木材！"

5.8 孟武伯问子路仁乎？子曰："不知也。"又问。子曰："由也，千乘之国，可使治其赋也[1]，不知其仁也。"

"求也何如？"子曰："求也，千室之邑[2]，百乘之家[3]，可使为之宰也[④]，不知其仁也。”

“赤也何如[⑤]？”子曰：“赤也，束带立于朝，可使与宾客言也，不知其仁也。”

【注释】 ①赋：兵赋，军政工作。②邑：古代庶民居住之所。③家：古代卿大夫的封地——采邑。④宰：古代一县之长和大夫家的总管。⑤赤：孔子学生，姓公西，名赤，字子华，比孔子小四十二岁。

【译文】 孟武伯问孔子子路是否有仁德。孔子说：“不知道。”他又问，孔子便说：“由啊，有一千辆兵车的（中等）国家，可以让他负责兵役和军政工作。至于他仁不仁，我不知道。”

（孟武伯继续问：）“冉求又怎么样呢？”孔子说：“求啊，千户人家的私邑，百辆兵车的大夫封地，可以让他去当负责人。至于他仁不仁，我不知道。”

“公西赤又怎么样呢？”孔子说：“赤呀，穿着礼服，立于朝廷之上，可以让他接待外宾，办理交涉。至于他仁不仁，我不知道。”

5.9 子谓子贡曰：“女与回也孰愈[①]？”对曰：“赐也何敢望回？回也闻一以知十，赐也闻一以知二。”子曰：“弗如也；吾与女弗如也[②]。”

【注释】 ①愈：超过，胜过。②吾与女弗如也：朱熹《集注》说：“与，许也。”杨伯峻先生《译注》因此译此句为“我同意你的话，是赶不上他。”这样，“与”就应读成yù，同意、赞同的意思。我们以为，这句的“与”应当视为连词。因为，在《论语》时代以迄后来很长一段时间，“与”为动词表“赞同”义而读作yù时，它后面的宾语都很简单，从未见“女弗如也”这样结构复杂的宾语。而在那一时期，连词“与”连接“吾”和“女”“汝”，后面再接上一个谓语性质的结构，是很普遍的。如《左传》成公十三年："吾与女伐狄。"详见北大出版社《论语新注新译》这一章的《考证》。蒋绍愚先生有《读论语札记》(《中国语言学》第4辑)，也是这么认为的。

【译文】 孔子对子贡说："你和颜回，谁更强些?"子贡答道："我呢怎敢和颜回相比?颜回呀，听到一件事，可以推知十件事；我呢，听到一件事，只能推知两件事。"孔子说："不如他啊，我和你都不如他啊!"

5.10 宰予昼寝。子曰："朽木不可雕也，粪土之墙不可杇也[①]；于予与何诛?"子曰[②]："始吾于人也，听其言而信其行；今吾于人也，听其言而观其行。于予与改是。"

【注释】 ①杇：音wū，把墙抹平。②这是孔子另一时间所说的，故插入"子曰"二字。

【译文】 宰予白天睡觉。孔子说："腐烂了的木头雕刻不得，粪土似的墙壁粉刷不得；对于宰予啊，我责备他什么呢?"孔子又说："起先，我对别人，听到他的话，便相信他的行为；现在，我对别人，听到他的话，还要考察他如何行动。从宰予身上，我(吸取了教训，)改变了态度。"

5.11 子曰："吾未见刚者。"或对曰："申枨[①]。"子曰："枨也欲，焉得刚?"

【注释】 ①申枨："枨"音chéng；《史记·仲尼弟子列传》中有申党，古音"党"和"枨"相近，那么"申枨"就是"申党"。

【译文】 孔子说："我没见过刚直不阿的人。"有人答道："申枨是这样的人。"孔子说："申枨哪，他欲望太多，怎能做到刚直不阿?"

5.12 子贡曰："我不欲人之加诸我也[①]，吾亦欲无加诸人。"

子曰："赐也，非尔所及也。"

【注释】 ①加：凌驾，侮辱。

【译文】 子贡说："我不想让别人骑在我头上，我也不想骑在别人头上。"孔子说："赐呀，这不是你能做到的啊。"

5.13 子贡曰："夫子之文章[①]，可得而闻也；夫子之言性与天道[②]，不可得而闻也。"

【注释】 ①文章：指有关古代文献的学问。②性与天道：性，人的本性；天道，一般指自然和人类社会吉凶祸福的关系。

【译文】 子贡说："老师关于文献方面的学问，我们听得到；老师关于人性和天道的言论，我们听不到。"

5.14 子路有闻，未之能行，唯恐有闻[①]。

【注释】 ①有闻：有的《论语》注本说，这一章第二个"有闻"的"有"通"又"。这没有什么道理。先秦时期，如果是"又闻"，必须带宾语。如"问一得三，闻《诗》，闻《礼》，又闻君子之远其子也。"(《季氏》)详见北大出版社《论语新注新译》这一章的《考证》。但翻译时，却要将句子中隐含的"又"的意义呈现出来。

【译文】 子路有所闻，还没来得及实行它，只怕又有所闻。

5.15 子贡问曰："孔文子何以谓之'文'也[①]？"子曰："敏而好学，不耻下问，是以谓之'文'也。"

【注释】 ①孔文子：卫国大夫孔圉（yǔ），比孔子早死一年。

【译文】 子贡问道："孔文子凭什么谥他为'文'？"孔子说："他聪敏灵活，爱好学问，又不以向比他地位低的人发问为耻，所以用'文'字做他的谥号。”

5.16 子谓子产[①]，“有君子之道四焉：其行己也恭，其事上也敬，其养民也惠，其使民也义”。

【注释】　①子产：公孙侨，字子产，郑穆公之孙，为春秋时郑国的贤相，在郑简公、定公时执政二十二年。他从容周旋于争战不息的晋楚两强间，使国家得到尊重和安全，是一位杰出的政治家、外交家。

【译文】　孔子评论子产，说：“他有四种行为合乎君子之道：他自己的容颜庄严恭敬，他对待君上负责认真，他教养人民凭恩惠，他役使人民讲道理。”

5.17 子曰：“晏平仲善与人交[①]，久而敬之。”

【注释】　①晏平仲：齐国的贤大夫晏婴。

【译文】　孔子说：“晏平仲善于和人交往，相处越久，别人越敬重他。”

5.18 子曰：“臧文仲居蔡[①]，山节藻棁[②]。何如其知也[③]？”

【注释】　①臧文仲居蔡：臧文仲，鲁国大夫臧孙辰（？—前617）；居，动词，使……居；蔡，大龟。②山节藻棁：节，柱上斗栱；棁（zhuō），梁上短柱；山、藻，均用作定语。③何如其知也：是“其知何如也”的倒装；知，同“智”。

【译文】　孔子说：“臧文仲替一只叫蔡的大乌龟盖了间房，有巨大的斗栱和画着藻草的梁上短柱，这个人的聪明又怎么样呢？”

5.19 子张问曰：“令尹子文三仕为令尹[①]，无喜色；三已之，无愠色。旧令尹之政，必以告新令尹。何如?”子曰：“忠矣。”曰：“仁矣乎?”曰：“未知[②]；焉得仁?”

“崔子弑齐君[③]，陈文子有马十乘[④]，弃而违之。至于他邦，则曰，‘犹吾大夫崔子也’。违之。之一邦，则又曰：‘犹吾大夫崔子也。’违之。何如?”子曰：“清矣。”曰：“仁矣乎?”曰：“未知；焉得仁?”

【注释】 ①令尹子文：楚国的宰相叫令尹；子文即斗谷于菟（音dòu gòu wū tú）。②未知焉得仁：因为不明智，怎么称得上“仁”呢。知，读作“智”。因为，1. 这一章两处“未知”，郑玄和王充《论衡》都读作“未智”，而且在先秦汉语中，“未知（zhī）”一般都要带宾语。2. “焉得”在当时语言中，总是处在因果、条件复句的第二个从句中。结合史籍记载的令尹子文推荐继任者“败而丧其众”，可知这一章的“未知焉得仁”是因果复句。结合：“择不处仁，焉得知?”(4.1)，可见孔子认为仁与智是互为先决条件的。详见北大出版社《论语新注新译》这一章的《考证》。③崔子弑齐君：崔子，齐国大夫崔杼（zhù）；齐君，齐庄公，名光；弑，在下的人杀在上的人；此事见《左传》襄公二十五年。④陈文子：齐大夫，名须无。

【译文】 子张问道：“令尹子文好几次做令尹，没显出高兴的样子；好几次被罢免，没显出恼怒的样子。(每次去职，)一定把自己的政令全都告诉接位的人。他怎么样?”孔子说：“可算是尽忠国家了。”子张说：“算不算是仁呢?”孔子说：“他未能做到‘智’，怎么能够算‘仁’呢?”

子张又问：“崔杼无理地杀了齐庄公，陈文子有马四十匹，舍弃不要，离开齐国。到了外国，又说道：‘这里掌权的和我们的崔子一样。’又离开。又到了一国，又说道：‘这里掌权的和我们的崔子一样。’于是又离开。他怎么样?”孔子说：“清白得很。”子张说：“算不算仁呢?”孔子说：“他未能做到‘智’，怎么能够算‘仁’呢？”

5.20 季文子三思而后行[①]。子闻之，曰：“再[②]，斯可矣。”

【注释】 ①季文子：鲁国大夫季孙行父。孔子说这话时，季文子死了已很久了。②再：两次；季文子太世故圆滑，所以孔子这样说。

【译文】 季文子每件事要考虑多次才行动。孔子听说了这事，说：“想两次，也就可以了。”

5.21 子曰：“宁武子[①]，邦有道，则知；邦无道，则愚。其知可及也，其愚不可及也。”

【注释】 ①宁武子：卫国大夫，姓宁名俞。

【译文】 孔子说：“宁武子在国家太平时节，便聪明；在国家昏暗时节，便装傻。他那聪明，别人赶得上；那装傻，别人就赶不上了。”

5.22 子在陈[①]，曰：“归与！归与！吾党之小子狂简，斐然成章，不知所以裁之[②]。”

【注释】 ①陈：国名，姓妫，舜的后代，春秋末被楚所灭。②裁：剪裁，引申为指导。

【译文】 孔子在陈国，说：“回去吧！回去吧！我们那里的学生们志向高大得很，文采又斐然可观，我都不知道怎样去指导他们了。”

5.23 子曰：“伯夷、叔齐不念旧恶[①]，怨是用希[②]。”

【注释】 ①伯夷、叔齐：孤竹国君的两个儿子，父亲死了，互相让位，都逃到了周文王那里。周武王起兵讨伐商纣，他们拦住车马劝阻。他们以食周粟为耻，饿死在首阳山。恶，仇恨。②怨是用希：这句话有歧义，到底是我的怨恨少呢？还是别人对我的怨恨少？若干《论语》注本解释得各不相同。我们认为，杨伯峻先生《论语译注》译为“别人对他们的怨恨也就很少”是对的。因为《论语》时代的语言中，当“怨”表示怨恨，且处于主语位置时，一般表示他人的怨恨，很少例外。详见北大出版社《论语新注新译》这一章的《考证》。是用，因此。希，稀，少。

【译文】 孔子说：“伯夷、叔齐两兄弟不记念过去的仇恨，怨恨他们的因此很少。”

5.24 子曰：“孰谓微生高直①？或乞醯焉②，乞诸其邻而与之。”

【注释】 ①微生高：即《庄子》《战国策》里的尾生高。②醯：音xī，醋。

【译文】 孔子说：“谁说微生高这人直爽？有人向他讨点儿醋，（他不说没有，）却到邻居那里转讨一点给那人。”

5.25 子曰：“巧言、令色、足恭①，左丘明耻之②，丘亦耻之。匿怨而友其人，左丘明耻之，丘亦耻之。”

【注释】 ①足恭：屈膝作出一副恭敬的样子。《大戴礼记·表记》：“君子不失足于人，不失色于人，不失口于人。”《曾子立事篇》：“足恭而口圣，而无常位者，君子弗与也。”失足，即足恭；失色，即令色；失口，即巧言。译文化用其意。有的注本读“足”为jù，似乎不必。详见北大出版社《论语新注新译》这一章的《考证》。②左丘明：历来相传为《左传》和《国语》的作者。现可以肯定：第一，《国语》和《左传》的作者不是一人；第二，两书都非与孔子同时或较早于孔子的左丘明所作。

【译文】　孔子说："花言巧语，满脸堆笑，屈膝以为恭顺，这种态度，左丘明认为可耻，我也认为可耻。内心怨恨某人，却装着和他亲热，这种行为，左丘明认为可耻，我也认为可耻。"

5.26 颜渊季路侍[①]。子曰："盍各言尔志[②]？"

子路曰："愿车马衣轻裘与朋友共敝之而无憾[③]。"

颜渊曰："愿无伐善[④]，无施劳[⑤]。"

子路曰："愿闻子之志。"

子曰："老者安之，朋友信之，少者怀之[⑥]。"

【注释】　①侍：《论语》有时单用一"侍"字：孔子坐着，弟子站着；有时用"侍坐"：孔子、弟子均坐；"侍侧"：或坐或立不定。②盍："何不"的合音字。③愿车马衣轻裘与朋友共敝之而无憾：这一句有两种读法。第一种从"共"字断句，把"共"字当作谓词。第二种作一句读，把"共"字当作状语，修饰"敝"字。我们认同第二种读法。因为，在《论语》时代的语言中，相较于"共"作谓语，它作状语的频率要高得多。即使"共"作谓语，其后一般也都带有宾语。详见北大出版社《论语新注新译》这一章的《考证》。这句中的"轻"是后人加上去的。④伐：夸耀。⑤施：孔安国说："不以劳事置施于人。"即，不麻烦别人劳神费力。详见北大出版社《论语新注新译》这一章的《考证》（二）。⑥安，信，怀：三字均为动词的使动用法。详见北大出版社《论语新注新译》这一章的《考证》（三）。

【译文】　孔子坐着，颜渊、季路各站在孔子旁边。孔子说："你俩何不说说各自的志向？"

子路说："我愿将车马衣服和朋友共同使用直到破烂也没遗憾。"

颜渊说：“愿意不吹嘘自己的优点，不夸大自己的功劳。”

子路问孔子说：“希望听听您的志向。”

孔子说：“（我的志向是，）老者使他安逸，朋友使他信任我，年轻人使他怀念我。”

5. 27 子曰：“已矣乎，吾未见能见其过而内自讼者也。”

【译文】 孔子说：“得了吧，我还没见过能看见自己的错误便自我批评的人呢。”

5. 28 子曰：“十室之邑，必有忠信如丘者焉，不如丘之好学也。”

【译文】 孔子说：“就是十户人家的地方，也一定有像我这样既忠心又信实的人，只是不如我喜欢学问罢了。”

雍也篇第六

共三十章

6.1 子曰：“雍也可使南面①。”

【注释】 ①南面：刘向《说苑·修文篇》说：“当孔子之时，上无明天子也。故言‘雍也可使南面’，南面者，天子也。”王引之《经义述闻》则说“南面”指卿大夫，但论证方法不当，故不取其说。详见北大出版社《论语新注新译》这一章的《考证》。

【译文】 孔子说：“冉雍这个人，有能力君临天下。”

6.2 仲弓问子桑伯子①。子曰：“可也简。”

仲弓曰：“居敬而行简，以临其民，不亦可乎？居简而行简，无乃大简乎[②]？”子曰：“雍之言然。”

【注释】 ①子桑伯子：此人已无可考，很可能是卿大夫。②无乃大简乎：无乃，难道不是；大，同“太”。

【译文】 仲弓问到子桑伯子这个人。孔子说：“他简单得好。”

仲弓说：“若存心严肃认真，而以简单行之，（识大体，不繁琐，）来治理百姓，不也可以吗？若存心简单，又以简单行之，不是太简单了吗？”孔子说：“雍的这话是对的。”

6.3 哀公问：“弟子孰为好学？”孔子对曰：“有颜回者好学，不迁怒，不贰过。不幸短命死矣[①]，今也则亡，未闻好学者也。”

【注释】 ①不幸短命死矣：颜渊死于鲁哀公十四年（前481年），年仅三十一岁。

【译文】 鲁哀公问：“你的学生中，哪个好学？”孔子答道：“有一个叫颜回的人好学，不拿别人出气，也不再犯同样的过失。不幸短命死了，现在再没有这样的人了，再也没听过好学的人了。”

6.4 子华使于齐[①]，冉子为其母请粟[②]。子曰：“与之釜[③]。”

请益。曰：“与之庾[④]。”

冉子与之粟五秉[⑤]。

子曰：“赤之适齐也，乘肥马，衣轻裘[⑥]。吾闻之也：君子周急不继富[⑦]。”

【注释】 ①使：音shì，出使。②粟：小米。③釜：音fǔ，古代量名，相当于当时的六斗四升，约合今天的一斗一升八合。④庾：音yǔ，古代量名，相当于当时的二斗四升，约合今天的四升八合。⑤秉：古代量名，相当于当时的十六斛（一百六十斗），约合今天的三石二十升。

⑥衣：音 yì，活用为动词，穿。⑦周：后代写作“赒”（简体字写作“周”），救济。

【译文】 公西华被派出使齐国，冉有替他母亲向孔子请求小米。孔子说：“给他一釜。”

冉有请求增加。孔子说：“再给他一庾。”

冉有却给了他五秉小米。

孔子说：“公西赤到齐国去，坐着肥马驾的车子，穿着又轻又暖的皮袍。我听说过：君子只是雪中送炭，不去锦上添花。”

6.5 原思为之宰[①]，与之粟九百[②]，辞。子曰：“毋！以与尔邻里乡党乎[③]！”

【注释】 ①原思：孔子弟子原宪，字子思；之，指孔子而言。②九百：下无单位名词（即所谓“量词”）。③邻里乡党：“五家为邻，二十五家为里，五百家为党，一万二千五百家为乡。”

【译文】 原思任孔子家的总管，孔子给他小米九百，他不肯受。孔子说：“别推辞！有多的，给你家乡（的穷人）吧！”

6.6 子谓仲弓曰[①]：“犁牛之子骍且角[②]，虽欲勿用[③]，山川其舍诸[④]？”

【注释】 ①子谓仲弓曰：孔子对仲弓说。如 3.1 注①所说，《论语》中，“~~谓~~”的格式，是“~~评论~~”的意思；而“~~谓~~曰”的格式，是“~~对~~说”的意思，二者判然不紊。好些《论语》注本仅仅依据“情理”而将“子谓仲弓曰”标点为“子谓仲弓，曰”，当然是不对的。详见北大出版社《论语新注新译》这一章的《考证》（一），也可参考孙钦善先生《论语本解》（三联书店 2013 年）这一章的注释。②犁牛之子骍且角：犁牛，又作“骊牛”，黄黑杂色的牛；骍(xīng)，纯赤色，周朝尚赤，祭祀时也用赤色牲畜；角，名词动用，指两角长得周正。详见北大出版社《论语新注新译》这一章的《考证》(二)。③用：用作牺牲；据《史记·仲尼弟子传》，仲弓的父亲是贱人，孔子却认为其子“可使南面”。古代祭祀牺牲不用骊牛及骊牛之子。孔子这番话的意思是：骊牛之子如果够得上作牺牲，山川之神一定会接受这种祭享。那么，仲弓这样的人才，为什么因他父亲下贱而舍弃不用呢？④诸：“之乎”的合音字。

【译文】 孔子对冉雍说：“杂色牛的儿子长着赤色的毛，整齐的角，虽然不想用它作祭祀的牺牲，山川之神难道舍得放弃它吗？”

6.7 子曰：“回也，其心三月不违仁①，其余则日月至焉而已矣②。”

【注释】 ①三月：指较长时间。《述而》：“子在齐闻《韶》，三月不知肉味。”②日月至焉：“日月”，名词作状语，修饰动词“至”。焉，于此；此，指代上文的“仁”。这里的“日月”不是时间词，而是指太阳月亮。日月至焉，像太阳月亮每天升起又落下一样到此应应景，点点卯。《论语》时代的典籍中，“日月”一般都指太阳月亮，极少例外。参见 17.1 注④。

【译文】 孔子说：“颜回呀，他的心长时间都不离开仁德，别的学生嘛，只是像太阳月亮每天升起又落下一样到这儿应应景罢了。”

6.8 季康子问：“仲由可使从政也与？”子曰：“由也果，于从政乎何有？”

曰：“赐也可使从政也与？”曰：“赐也达，于从政乎何有？”

曰："求也可使从政也与？"曰："求也艺，于从政乎何有？"

【译文】　季康子问孔子："仲由这人，可以让他治理政事吗？"孔子说："仲由果敢决断，让他治理政事有什么困难呢？"

又问："端木赐可以让他治理政事吗？"孔子说："端木赐通情达理，让他治理政事有什么困难呢？"

又问："冉求可以让他治理政事吗？"孔子说："冉求多才多艺，让他治理政事有什么困难呢？"

6.9 季氏使闵子骞为费宰[①]。闵子骞曰："善为我辞焉！如有复我者，则吾必在汶上矣[②]。"

【注释】　①闵子骞为费宰：闵子骞，孔子学生闵损，字子骞，比孔子小十五岁（前515—？）；费，音 bì，故城在今山东费县。②汶上：汶水两岸的地带。汶，音 wèn，水名，就是山东的大汶河。周秦典籍中多见"某水某上"，如"淮上""河上""汉上"等，均指该水两岸。桂馥《札朴·汶上》说："水以阳为北，凡言某水上者，皆谓水北。"不确。桂说并未举证，而好些《论语》注本盲从桂说，未免失察。详见北大出版社《论语新注新译》这一章的《考证》。

【译文】　季氏叫闵子骞做他封地费的长官。闵子骞对来人说："好好地为我辞掉吧！如果再有人来找我，那我一定会在汶水边上了。"

6.10 伯牛有疾[①]，子问之，自牖执其手，曰："亡之[②]，命矣夫！斯人也而有斯疾也！斯人也而有斯疾也！"

【注释】　①伯牛：孔子学生冉耕，字伯牛。②之：指示代词，表泛称。

【译文】　伯牛生了病，孔子去慰问他，从窗子里握着他的手，说：

"这人完了，这就是命吧！这样的人哪，竟有这样的病哪！这样的人哪，竟有这样的病哪！"

6.11 子曰："贤哉，回也！一箪食[1]，一瓢饮，在陋巷，[2]人不堪其忧，回也不改其乐。贤哉，回也！"

【注释】 ①箪：音dān，古代盛饭的竹器。②陋巷：偏远的街巷。王引之《经义述闻》说此章的"巷"为"所居之宅"，不确。详见北大出版社《论语新注新译》这一章的《考证》。

【译文】 孔子说："颜回多么有修养哪！一竹筐饭，一瓜瓢水，住在偏僻的巷子里，别人都不堪忍受那忧愁，颜回却不改他的快乐。颜回多么有修养哪！"

6.12 冉求曰："非不说子之道，力不足也。"子曰："力不足者[1]，中道而废。今女画[2]。"

【注释】 ①力不足者：力量不足的人。根据汉儒的理解，这一"者"字不大可能是表停顿并兼表假设语气的。详见北大出版社《论语新注新译》这一章的《考证》。②画：停止。

【译文】 冉求说："不是不喜欢您的学说，是力量不够。"孔子道："力量不够的人，会半途而废；现在你却还没走（就打起了小算盘）。"

6.13 子谓子夏曰："女为君子儒！无为小人儒！"

【译文】 孔子对子夏说："你要做个君子式的儒者，不要做那小人式的儒者！"

6.14 子游为武城宰[1]。子曰："女得人焉耳乎？"曰："有澹台灭明者[②]，行不由径，非公事，未尝至于偃之室也。”

【注释】 ①武城：鲁国城邑，在今山东费县西南。②澹台灭明：字子羽，孔子弟子，从子游答话语气来看，此时他还没向孔子受业；因为“有……者”的提法，是表示这人是听者以前所不知道的。

【译文】 子游做武城的长官，孔子说：“你在这儿得到什么人才没有？”他道：“有个叫澹台灭明的，走路不插小道，不是公事，从不到我房里来。”

6.15 子曰：“孟之反不伐[①]，奔而殿[②]，将入门，策其马，曰：‘非敢后也，马不进也。’”

【注释】 ①孟之反：鲁国大夫，《左传》哀公十一年作“孟之侧”。②殿：殿后；译文参照《左传》所叙，有所增加。

【译文】 孔子说：“孟之反不夸耀自己，（在抵御齐国的战役中，右翼的军队溃退了，）他走在最后，掩护全军，将进城门，便鞭打马匹，一面说道：‘不是我敢于殿后，是马匹不肯快走的缘故。’”

6.16 子曰：“不有祝鮀之佞[①]，而有宋朝之美[②]，难乎免于今之世矣。”

【注释】 ①祝鮀：卫国大夫，字子鱼，以善于辞令著称。②宋朝：宋国的公子朝。《左传》记载了他因美貌而惹起乱子的事。

【译文】 孔子说：“没有祝鮀的口才，只有宋朝的美貌，在如今这世上恐怕难逃祸害了。”

6.17 子曰：“谁能出不由户，何莫由斯道也？”

【译文】 孔子说：“谁能够外出不经门户，为什么没人从我这条道上走呢？”

6.18 子曰：“质胜文则野，文胜质则史。文质彬彬[①]，然后君子。”

【注释】 ①文质彬彬：既文雅又朴实。

【译文】 孔子说：“朴实多于文采，就未免粗野；文采多于朴实，又未免虚浮。既有文采，又不乏朴实，这才是个君子。”

6.19 子曰：“人之生也直，罔之生也幸而免。”

【译文】 孔子说：“人活在世上，靠的是正直；不正直的人也得以活下来，那是他侥幸地免于祸害。”

6.20 子曰：“知之者不如好之者，好之者不如乐之者[①]。”

【注释】 ①好之者不如乐之者：乐（lè）之，意动用法，以之为乐。这一“乐”如从“叶音”读作 yào，意为“喜好”，那么“好之者不如乐之者”就该译为“爱好它的人不如爱好它的人”，等于是句废话。参见 6.23 注①。

【译文】 孔子说：“（对于任何学问和事业，）懂得它的人不如喜爱它的人，喜爱它的人又不如以它为乐的人。”

6.21 子曰：“中人以上，可以语上也；中人以下，不可以语上也。”

【译文】 孔子说：“智力中等以上的人，可以告诉他高深学问；智力中等以下的人，不可以告诉他高深的学问。”

6.22 樊迟问知。子曰："务民之义[1]，敬鬼神而远之[2]，可谓知矣。"问仁，曰："仁者先难而后获，可谓仁矣。"

【注释】 ①务民之义：何晏《集解》引王肃说："务民之义，务所以化道民之义也。"皇侃《义疏》说同。有的注本译为"把心力专一地放在使人民走向'义'上"，这等于把此句的"之"视为动词。我们赞同王肃、皇侃之说。因为"之"作为动词表示"到……"时，在先秦典籍中，只以处所、人物、时间为宾语，从未见以抽象名词作宾语者。据我们的考察，"民之"后接一抽象意义的名词或名词词组的例证不胜枚举，而这些例证中的"之"都应译为"的"。详见北大出版社《论语新注新译》这一章的《考证》。②远：音 yuàn，动词，疏远。

【译文】 樊迟问怎么样才算聪明。孔子说："管理民众的要义，是既要敬畏鬼神，但又不太接近他，这可以说是明智了。"又问怎样才算有仁德。孔子说："仁人在付出努力后才收获，这就是所谓仁德。"

6.23 子曰："知者乐水，仁者乐山[1]；知者动，仁者静；知者乐，仁者寿。"

【注释】 ①乐：音 lè，"以……为乐"的意思。旧从《经典释文》之"叶音"读作"五教切"（ào）、"义效切"（yào），释为"喜好""喜爱"，实误。"好之者不如乐之者"之"乐"亦如此（6.20）。王力先生《古代汉语》说："清代古音学兴起以后，'叶音说'早已受到彻底批判，但是直到现在仍有人错误地沿用'叶音说'。"（第二册第六单元的《通论》部分《诗经的用韵》末尾）我们对此尤当注意。详见北大出版社《论语新注新译》这一章的《考证》。

【译文】 孔子说："聪明人以水为乐，仁人以山为乐；聪明人活动，仁人沉静；聪明人快乐，仁人长寿。"

6.24 子曰："齐一变，至于鲁；鲁一变，至于道。"

【译文】　孔子说："齐国（的政治和教育）一有改革，便达到鲁国的程度；鲁国（的政治和教育）一有改革，便进而合于大道了。"

6.25 子曰："觚不觚[①]，觚哉！觚哉！"

【注释】　①觚：音 gū，古代盛酒的器皿。这是孔子对当时事物名实不符发出的感慨。

【译文】　孔子说："觚不像个觚，这是觚吗！这是觚吗！"

6.26 宰我问曰："仁者，虽告之曰，'井有仁焉[①]'，其从之也？"子曰："何为其然也？君子可逝也[②]，不可陷也[③]；可欺也，不可罔也。"

【注释】　①仁：仁人。这和《学而》"泛爱众而亲仁"以及《微子》"殷有三仁焉"的"仁"用法相同。徐仁甫《广古书疑义举例》（中华书局 1990 年）有"以性状代人物例"，也可参考。②逝：一去不回。③陷：陷害，使陷入坑中。表示抽象意义时，和下句的"罔"一样，往往带有贬义，故以"沉沦"译之。

【译文】　宰我问道："有仁德的人，即使告诉他，'井里有位仁人呢。'他会跟着跳下去吗？"孔子说："为什么要那样呢？君子，可以让他走开，却不能使他沉沦；可以欺骗他，却不能使他迷失方向。"

6.27 子曰："君子博学于文，约之以礼，亦可以弗畔矣夫[①]！"

【注释】　①畔，同叛。

【译文】　孔子说："君子广泛地学习文献，再用礼节约束自己，也可以不离经叛道了吧!”

6.28 子见南子[①]，子路不说。夫子矢之曰：“予所否者[②]，天厌之！天厌之!”

【注释】 ①南子：卫灵公夫人，把持卫国朝政，且作风不正派。②予所否者：这句的“所”，一般语法书或虚词词典都从王引之《经传释词》之说，说是表假设的连词，可译为“如果”“假若”，我们不能同意。它仍然是特殊指示代词，与“己所不欲，勿施于人”的“所”相同，表示“……的东西”“……的事情”“……的人”“……的地方”“……的原因”等等。“予所否者”大意是“我的话如有不可信的地方”。详见北大出版社《论语新注新译》这一章的《考证》。

【译文】 孔子和南子相见，子路不高兴。孔子发誓道：“我的话如有不可信的地方，老天厌弃我！老天厌弃我!”

6.29 子曰：“中庸之为德也[①]，其至矣乎？民鲜久矣。”

【注释】 ①中庸：孔子的最高道德标准。“中”，折中，无过，也无不及；“庸”，平常。孔子以这两个字来表示他的道德标准，其实就是折中的和平常的东西。

【译文】 孔子说：“中庸作为一种道德，该是最高的了，大家已经缺乏它很久了。”

6.30 子贡曰：“如有博施于民而能济众，何如？可谓仁乎？”子曰：“何事于仁！必也圣乎！尧舜其犹病诸！夫仁者[①]，己欲立而立人，己欲达而达人。能近取譬，可谓仁之方也已。”

【注释】 ①夫（fú）：弱指示代词，可译作“那”“那个”，也可不译。

【译文】 子贡说："假使有这么一个人，他广泛地给人民以好处，又能帮助大家过上好生活，怎么样？可以算是仁了吧？"孔子说："哪里仅仅是仁！那一定是圣了！那个'仁'是什么？自己要站得住，也要使别人站得住；自己要行得通，也要使别人行得通。能够从眼前的事实中选择例子踏踏实实地去做，这就是实践仁德的方法了。"

述而篇第七

共三十八章

7.1 子曰："述而不作，信而好古，窃比于我老彭[①]。"

【注释】 ①窃比于我老彭：老彭，何晏《集解》引包咸说："老彭，殷贤大夫，好述古事。"大约就是《大戴礼记·虞戴德》中孔子所说的"商老彭"。按，此句当为"窃比我于老彭"，定州汉墓竹简本《论语》即作"窃比我于老彭"。先秦文献中，"我"一般不直接修饰人名；相反，"比我于老彭"这种结构则是很常见的。如"尔何曾比予于管仲？"（《孟子·公孙丑上》）详见北大出版社《论语新注新译》这一章的《考证》（二）。

【译文】 孔子说："传述而不创制礼乐，相信进而喜好古代文化，且私下将我自己比作老彭。"

7.2 子曰："默而识之[①]，学而不厌，诲人不倦，何有于我哉[②]？"

【注释】 ①识：音 zhì，记住。②何有于我哉："何有于……"，是《论语》时代的习语，表示"……又算个什么""……又算得了什么"。详见北大出版社《论语新注新译》这一章的《考证》，又见《武汉大学学报》（人文科学版）2011 年 1 期译注者的论文《〈论语〉"何有于我"解——兼论所谓"不难之词"》

【译文】 孔子说："默默记住知识，学习永不厌弃，教人不知疲倦，（如能做到这些，）那我孔丘又算得了什么？"

7.3 子曰："德之不修，学之不讲，闻义不能徙，不善不能改，是吾忧也。"

【译文】 孔子说："品德不培养；学问不讲习；听到义的所在，却不能去追求；有错误不能改正，这些都是我所忧虑的啊！"

7.4 子之燕居，申申如也[①]，夭夭如也[②]。

【注释】 ①申申：整肃的样子。②夭夭：舒缓的样子。

【译文】 孔子在家闲居，整齐而静穆，和乐而舒展。

7.5 子曰："甚矣吾衰也！久矣吾不复梦见周公[①]！"

【注释】 ①周公：姓姬名旦，周文王的儿子，周武王的弟弟，鲁国始祖，孔子最敬服的古代圣人之一。

【译文】 孔子说："我衰老得多么厉害呀！我好久好久没有梦见周公了！"

7.6 子曰："志于道，据于德，依于仁，游于艺。"

【译文】 孔子说："志向在'道'，根据在'德'，依靠在'仁'，而游憩于礼、乐、射、御、书、数六艺之中。"

7.7 子曰："自行束脩以上①，吾未尝无诲焉。"

【注释】 ①束脩：脩，干肉；束，十条；十条干肉是菲薄的礼品。

【译文】 孔子说："只要主动送一束干肉给我，我从没有不教诲的。"

7.8 子曰："不愤不启①，不悱不发②。举一隅不以三隅反，则不复也。"

【注释】 ①愤：心求通而未得。②悱：音 fěi，口欲言而未能。"不愤不启，不悱不发"的意思是，受教者必先遇到困难，有求知的动机，然后去启发他，长进才快些。

【译文】 孔子说："教育学生，不到他想弄明白而不得的时候，不去开导他；不到他想说却说不出的时候，不去启发他。教给他东方，他却不能由此推知西、南、北三方，便不再教他了。"

7.9 子食于有丧者之侧，未尝饱也。

【译文】 孔子在死了亲属的人旁边吃饭，从没吃饱过。

7.10 子于是日哭，则不歌。

【译文】 孔子在这一天哭过，就不再唱歌。

7.11 子谓颜渊曰："用之则行，舍之则藏，惟我与尔有是夫！"

子路曰："子行三军，则谁与[1]？"

子曰："暴虎冯河[2]，死而无悔者，吾不与也。必也临事而惧，好谋而成者也。"

【注释】　①与：偕同。子路好勇，见孔子夸奖颜渊，便发此问。②冯河：徒足涉河；冯，音 píng。

【译文】　孔子对颜渊说："用我呢，就干起来；不用呢，就藏起来。只有我和你才能这样吧！"

子路说："您若统帅三军，谁会跟您？"

孔子说："赤手空拳和老虎搏斗，不用船只去渡河，这样死了都不后悔的人，我是不会和他共事的。（我要找他共事的，）一定是面对任务便恐惧谨慎，善于谋略而能完成任务的人哪！"

7.12 子曰："富而可求也，虽执鞭之士[1]，吾亦为之。如不可求，从吾所好。"

【注释】　①执鞭之士：指手执皮鞭维持秩序的市场守门人。

【译文】　孔子说："财富如果可以求得的话，就是做市场的守门员我也肯干。如果求它不到，还是干我自己的吧。"

7.13 子之所慎：齐[1]、战、疾。

【注释】　①齐：同"斋"。古代在祭祀之前，必先斋戒。

【译文】　孔子所小心谨慎的事：斋戒、战争、疾病。

7.14 子在齐闻《韶》，三月不知肉味，曰："不图为乐之至于斯也。"

【译文】　孔子在齐国听到了《韶》的乐章，好几个月尝不出肉味，说："想不到欣赏音乐达到了这种境界。"

7.15 冉有曰："夫子为卫君乎①？"子贡曰："诺，吾将问之。"

入，曰："伯夷、叔齐何人也？"曰："古之贤人也。"曰："怨乎？"曰："求仁而得仁，又何怨？"

出，曰："夫子不为也。"

【注释】　①夫子为卫君：为，音 wèi，意义宽泛的动词，做，搞；这里可译为"帮助""赞成"。卫君，指卫出公辄，辄是卫灵公之孙，太子蒯聩之子。蒯聩得罪灵公夫人南子，逃到晋国。灵公死，立辄为君。晋国又把蒯聩送回，借机侵卫。卫抵抗晋，也拒绝了蒯聩回国。蒯聩与辄父子相残，与互相推让君位的伯夷、叔齐比较，有天壤之别。

【译文】　冉有说："老师赞成卫君吗？"子贡说："好的，我去问问他。"

子贡到孔子房里，说："伯夷、叔齐是什么样的人？"孔子说："古代的贤人。"子贡说："（他俩因不肯做孤竹国国君而互相推让，双双跑到国外，）是不是又后悔抱怨呢？"孔子说："他们追求仁德，又得到了仁德，怨悔什么呢？"

子贡出来，说："老师不赞成卫君。"

7.16 子曰："饭疏食，饮水①，曲肱而枕之②，乐亦在其中矣。不义而富且贵，于我如浮云。"

【注释】　①水：古代冷水为水，热水为汤。②曲肱而枕之：肱，音 gōng，胳膊；枕，音 zhèn，动词。

【译文】 孔子说："吃粗粮，喝冷水，弯着胳膊做枕头，这中间也有乐趣。干不正当的事而得来的富贵，我看来就如同浮云。"

7.17 子曰："加我数年，五十以学《易》[①]，可以无大过矣。"

【注释】 ①《易》：又叫《周易》《易经》，五经之一，是一部古代用以占筮的书，其中的《卦辞》和《爻辞》是孔子以前的作品。

【译文】 孔子说："让我多活几年，到五十岁的时候去学习《易经》，便可以没有大过错了。"

7.18 子所雅言[①]，《诗》、《书》、执礼，皆雅言也。

【注释】 ①雅言：春秋时代各国语言不统一，当时较为通行的语言便是"雅言"。

【译文】 孔子有说雅言的时候，读《诗》、读《书》，行礼，都说雅言。

7.19 叶公问孔子于子路[①]，子路不对。子曰："女奚不曰，其为人也，发愤忘食，乐以忘忧，不知老之将至云尔[②]。"

【注释】 ①叶公：叶公是叶地的县长，楚君称王，那县长便称公。此人叫沈诸梁，是一位贤者。叶，音 shè，楚地名，在今河南叶县南三十里。②云尔：云，如此，这样；尔，同"耳"，而已，罢了。

【译文】 叶公问子路孔子为人如何，子路不回答。孔子对子路说："你为什么不这样说，他的为人，发愤用功而忘记吃饭，乐在其中而忘记忧愁，浑然不知衰老就要到来，不过如此而已。"

7.20 子曰："我非生而知之者，好古，敏以求之者也。"

【译文】　孔子说："我不是生来就有知识的人，而是爱好古代文化，勤奋敏捷去求取知识的人。"

7.21 子不语怪、力、乱、神。

【译文】　孔子不谈怪异、勇力、叛乱和鬼神。

7.22 子曰："三人行，必有我师焉；择其善者而从之，其不善者而改之。"

【译文】　孔子说："几个人一起走路，其中一定有可以被我师法的人；我选择那些优点去学习，看出那些（自己也有的）缺点，然后改正。"

7.23 子曰："天生德于予，桓魋其如予何[①]？"

【注释】　①桓魋（tuí）：宋国的司马向魋，他是宋桓公的后代，所以又叫桓魋。《史记·孔子世家》："孔子……与弟子习礼大树下。宋司马桓魋欲杀孔子，拔其树。……孔子曰：'天生德于予，桓魋其如予何？'"

【译文】　孔子说："天在我身上生就了优秀的品德，他桓魋能把我怎么样？"

7.24 子曰："二三子以我为隐乎？吾无隐乎尔！吾无行而不与二三子者，是丘也。"

【译文】　孔子说："学生们，你们以为我有所隐瞒吗？我对你们无所隐瞒！我没有一点不向你们公开，这就是我孔丘的为人。"

7.25 子以四教：文、行、忠、信。

【译文】　孔子用四种内容教育学生：文献、实践、忠诚、信实。

7.26 子曰："圣人，吾不得而见之矣；得见君子者，斯可矣。"

子曰："善人，吾不得而见之矣；得见有恒者，斯可矣。亡而为有，虚而为盈，约而为泰①，难乎有恒矣。"

【注释】　①泰：用度豪华而不吝惜。

【译文】　孔子说："圣人，我不能见到了；能见到君子，就可以了。"

孔子又说："圣人，我不能见到了，能见到操守坚定的人，就可以了。本来没有，却装作有；本来空虚，却装作充足；本来穷困，却装作豪华，这样的人便难以保持操守了。"

7.27 子钓而不纲①，弋，不射宿②。

【注释】　①纲：网上的大绳叫纲，用它来横断水流，再用生丝系钓于纲上来取鱼，也叫做"纲"。这里的"纲"是后者。②弋不射宿：弋，音 yì，用带生丝的箭来射；宿，已歇宿了的鸟。

【译文】　孔子钓鱼，不用大绳横断流水取鱼；用带生丝的箭射鸟，不射已归巢的鸟。

7.28 子曰："盖有不知而作之者，我无是也。多闻，择其善者而从之；多见而识之；知之次也①。"

【注释】　①次：孔子说："生而知之者，上也；学而知之者，次也。"(《季氏篇》第九章)

【译文】　孔子说："大概有无知却喜欢造作的人，我没有他这种毛病。多多地听，从中择取好的加以接受；多多地看，默默记在心里。我的知，是次于‘生而知之’的‘知’呀。”

7.29 互乡难与言，童子见，门人惑。子曰：“与其进也[①]，不与其退也，唯何甚？人洁已以进，与其洁也，不保其往也[②]。”

【注释】 ①与：音yù，赞同。②保：守，不变。

【译文】 互乡这地方的人难于交谈，那里的一个童子得到孔子的接见，弟子们疑惑。孔子说：“我们赞成他的进步，不赞成他的退步，何必做得太过？别人把自已收拾得干干净净而来，便应该赞成他的干净，不要死记住他的过去。”

7.30 子曰：“仁远乎哉？我欲仁，斯仁至矣。”

【译文】 孔子说：“仁德难道很远吗？我要仁，这仁就来了。”

7.31 陈司败问[①]：昭公知礼乎？孔子曰：“知礼。”

孔子退，揖巫马期而进之[②]，曰：“吾闻君子不党，君子亦党乎？君取之吴[③]，为同姓[④]，谓之吴孟子[⑤]。君而知礼，孰不知礼？”

巫马期以告。子曰：“丘也幸，苟有过，人必知之。”

【注释】 ①陈司败：陈国相当于“司寇”的官。司败，陈、楚、唐诸国官名，相当于他国的司寇。陈司败，词组结构同《左传》襄公二十年“与蔡司马同谋”的“蔡司马”。详见北大出版社《论语新注新译》这一章的《考证》。②巫马期：孔子学生，姓巫马，名施，字子期，比孔子小三十岁。③君取之吴：取，后来写作“娶”；吴，国名，哀公时，为越王勾践所灭。④为同姓：鲁、吴皆姬姓。⑤吴孟子，春秋时，国君夫人称号一般是所生长之国名加她的本姓。鲁娶于吴，这位夫人便应称

"吴姬"。但"同姓不婚"是周朝的礼法，为了掩饰，便改称"吴孟子"。"孟子"可能是这位夫人的字。

【译文】 陈国的司败询问孔子，鲁昭公是否懂得礼。孔子说："懂礼。"

孔子出去以后，陈国司败便向巫马期作了个揖，请他走近自己，然后说道："我听说君子不偏袒谁，难道君子也偏袒吗？鲁君从吴国娶了位夫人，吴和鲁是同姓国家，（不便称她为吴姬，）于是叫她为吴孟子。鲁君那样都算懂礼，那谁不懂礼？"

巫马期把这话转告给孔子。孔子说："我孔丘啊真幸运，如果有错处，人家一定指出来。"

7.32 子与人歌而善，必使反之，而后和之。

【译文】 孔子同别人一道唱歌，如果唱得好，一定请他再唱一遍，然后自己又和他。

7.33 子曰："文莫[①]，吾犹人也。躬行君子，则吾未之有得。"

【注释】 ①文莫：这两个字很不好解释。详见北大出版社《论语新注新译》这一章的《考证》。

【译文】 孔子说："书本上的学问，大约我同别人差不多。做一个践行的君子，那我还没有成功。"

7.34 子曰："若圣与仁，则吾岂敢？抑为之不厌，诲人不倦，则可谓云尔已矣。"公西华曰："正唯弟子不能学也。"

【译文】 孔子说："讲到圣和仁，我怎么敢当？不过是学习和工作总不厌倦，教导别人总不疲劳，就是如此如此罢了。”公西华说：“这一点正是我们学不到的。”

7.35 子疾病[①]，子路请祷[②]。子曰：“有诸？”子路对曰：“有之；《诔》曰[③]：‘祷尔于上下神祇[④]。’”子曰：“丘之祷久矣。”

【注释】 ①疾病：病重。“病”是“疾”的补语。②祷：向神祈求长寿。③《诔》曰句：诔，音 lèi，《说文解字》作“讄”，祈祷文，异于哀悼死者的“诔”。④祇，音 qí，地神。

【译文】 孔子病重，子路要向神灵祈求延长孔子的寿命，请求孔子同意。孔子说：“有这回事吗？”子路说：“有的，《诔文》上说：‘替你向天神地祇求寿。’”孔子说：“我早就求过寿了。”

7.36 子曰：“奢则不孙[①]，俭则固[②]。与其不孙也，宁固。”

【注释】 ①孙：同“逊”。②固：固陋，寒伧。

【译文】 孔子说：“奢侈豪华就显得骄傲，省俭朴素就显得寒酸。与其骄傲，不如寒酸。”

7.37 子曰：“君子坦荡荡，小人长戚戚。”

【译文】 孔子说：“君子胸怀宽广平坦，小人却经常局促忧愁。”

7.38 子温而厉，威而不猛，恭而安。

【译文】 孔子温和而严厉，有威仪而不凶猛，庄严而安详。

泰伯篇第八

共二十一章

8.1 子曰："泰伯[①]，其可谓至德也已矣。三以天下让，民无得而称焉[②]。"

【注释】 ①泰伯：即太伯。周朝祖先古公亶父有三子：太伯、仲雍、季历。季历的儿子就是姬昌（周文王）。古公预见到昌的贤明和魄力，想把君位传给季历，继而传昌。太伯为实现父亲的意愿，便偕同仲雍出走勾吴，成为吴的始祖。②民无得而称：可理解为"民无得称"，也即民众（因无从知道泰伯"三以天下让"之事而对他）无所称述；不能理解为"民众都不知道怎样称颂他才好"。详见北大出版社《论语新注新译》这一章的《考证》。

【译文】 孔子说："泰伯，真可以说是品德高尚至极了。多次把天下让给季历，但老百姓（却因不知道这事而）没有称颂他。”

8.2 子曰：“恭而无礼则劳，慎而无礼则葸[1]，勇而无礼则乱，直而无礼则绞[2]。君子笃于亲，则民兴于仁；故旧不遗，则民不偷[3]。”

【注释】 ①葸：音 xǐ，胆怯。②绞：尖刻刺人。③偷：淡薄，不厚道。

【译文】 孔子说：“恭敬而不懂礼教，就未免劳倦；谨慎而不懂礼教，就显得懦弱；胆大而不懂礼教，就容易闯祸；直爽而不懂礼教，就尖酸刻薄。在上位的人对待亲族宽厚仁慈，老百姓就会走向仁德；在上位的人不遗弃他的老同事、老朋友，老百姓就不会对人冷漠无情。”

8.3 曾子有疾，召门弟子曰：“启予足[1]！启予手！《诗》云：‘战战兢兢，如临深渊，如履薄冰。’[2]而今而后，吾知免夫！小子！”

【注释】 ①启（啓）：即《说文》的“䁈”字，视也。②这三句诗见《诗经·小雅·小旻》。

【译文】 曾参病了，便把学生们召集拢来说：“看着我的脚！看着我的手！《诗经》上说：‘小心哪！谨慎哪！好像临近深水潭边，好像走在薄冰层上。’从今以后，我才晓得自己可以免于祸害刑戮了！同学们！”

8.4 曾子有疾，孟敬子问之[1]。曾子言曰：“鸟之将死，其鸣也哀；人之将死，其言也善。君子所贵乎道者三：动容貌，斯远暴慢矣[2]；正颜色，斯近信矣；出辞气，斯远鄙倍矣[3]。笾豆之事[4]，则有司存[5]。”

【注释】 ①孟敬子：鲁国大夫仲孙捷。②暴慢：暴，粗暴无礼；慢，怠慢、不敬。③鄙倍：鄙，粗野，鄙陋；倍，同背、悖，不合理，错误。④笾豆：笾（biān）、豆都是祭器，这里代表礼仪的具体细节。⑤有司：主管某一具体事务的小吏。

【译文】 曾参病了，孟敬子探问他。曾子说：“鸟要死了，它的鸣声哪悲哀；人要死了，他说的话啊友善。在上位的人待人接物有三点是可贵的：让自己的表情严肃，就可以避免别人的粗暴和怠慢；使自己的脸色端庄，就容易令人信服；说话时，注意言辞和声调，就可以避免粗野和错误。至于礼仪的细节，自有主管人员。”

8.5 曾子曰：“以能问于不能，以多问于寡；有若无，实若虚，犯而不校[①]——昔者吾友尝从事于斯矣[②]。”

【注释】 ①校：抵抗，报复。②吾友：一般认为指颜回。

【译文】 曾子说：“有能力却向无能力的人请教，知识丰富却向知识缺乏的人请教；有知识却像没知识，满腹诗书却像一无所有；被人冒犯，却不报复——从前我的一位朋友就曾经这样做过了。”

8.6 曾子曰：“可以托六尺之孤[①]，可以寄百里之命，临大节而不可夺也——君子人与？君子人也。”

【注释】 ①六尺之孤：一般指十五岁以下的人。古代尺短，六尺，约合今一百三十八厘米。

【译文】 曾子说：“可以把幼小的孤儿和国家的命脉都托付给他，在生死存亡的紧要关头，却不动摇屈服——这种人，是君子人吗？是君子人哪！”

8.7 曾子曰："士不可以不弘毅①，任重而道远。仁以为己任，不亦重乎？死而后已，不亦远乎？"

【注释】 ①士不可以不弘毅：唐写本《论语》郑玄注："弘，大也；毅，强而能断也。士当宽大强断决，以其所任者重，而行之又久远。"

【译文】 曾子说："士人不可以不宽宏大量而又果决能断，因为他负担沉重，路程遥远。以实现仁德为己任，不是很沉重吗？奋斗到死才算完，不是很遥远吗？"

8.8 子曰："兴于《诗》，立于礼，成于乐。"

【译文】 孔子说："读《诗》使我振奋，礼使我能在社会上站得住，音乐使我的所学得以完成。"

8.9 子曰："民可使由之，不可使知之①。"

【注释】 ①民可使由之，不可使知之：清代宦懋庸说："对于民，其可者使其自由之，而所不可者亦使知之。或曰，舆论所可者则使共由之，其不可者亦使共知之。"则此十字当读为'民可，使由之；不可，使知之'。但《论语》时代的"可"，没有这种用法。同样，断作"民可使，由之；不可使，知之"也是不行的。《论语》时代语言中固然有"可使""不可使"，但这"使"是"出使"的意思。与此相反，"民可使由之，不可使知之"的读法，在《论语》时代的语言中，却是带有普遍性的。详见北大出版社《论语新注新译》这一章的《考证》。

【译文】 孔子说："老百姓，可以使他们在我们指引的道路上走，不可以使他们知道那是为什么。"

8.10 子曰："好勇疾贫，乱也。人而不仁，疾之已甚，乱也。"

【译文】　孔子说："以勇敢自喜却厌恶贫困，是一种祸害。对于不仁的人，痛恨太甚，也是一种祸害。"

8.11 子曰："如有周公之才之美，使骄且吝，其余不足观也已。"

【译文】　孔子说："假如才能的美妙比得上周公，只要骄傲而且吝啬，别的方面也就不值得一看了。"

8.12 子曰："三年学，不至于穀①，不易得也。"

【注释】　①穀：古代以谷米为俸禄，所以"穀"有"禄"的意义。

【译文】　孔子说："读书三年还没去做官，这是难能可贵的。"

8.13 子曰："笃信好学，守死善道。危邦不入，乱邦不居。天下有道则见①，无道则隐。邦有道，贫且贱焉，耻也；邦无道，富且贵焉，耻也。"

【注释】　①见：同"现"。

【译文】　孔子说："坚定地相信我们的道，并努力学习它，誓死保卫它。危险的国家不去，祸乱的国家不住。天下太平，就出来工作；不太平，就隐居。国家政治清明，自己贫贱，是耻辱；政治黑暗，自己富贵，也是耻辱。"

8.14 子曰："不在其位，不谋其政。"

【译文】　孔子说："不居于那个职位，便不考虑它的政务。"

8.15 子曰："师挚之始[①]，《关雎》之乱[②]，洋洋乎盈耳哉！"

【注释】　①始：乐曲的开端，一般由太师演奏。师挚，鲁国太师。②乱：乐曲的结束，犹如今天的合唱。合唱时，奏《关雎》乐章，所以说"《关雎》之乱"。

【译文】　孔子说："当太师挚开始演奏时，当结尾演奏《关雎》的曲调时，满耳朵都是音乐啊！"

8.16 子曰："狂而不直，侗而不愿[①]，悾悾而不信[②]，吾不知之矣。"

【注释】　①侗而不愿：侗，音 dòng，无知；愿，谨慎老实。②悾悾：音 kōng kōng，诚恳貌。

【译文】　孔子说："狂妄而不直率，幼稚而不老实，貌似诚恳却不守信用，这种人我真是猜不透他。"

8.17 子曰："学如不及，犹恐失之[①]。"

【注释】　①学如不及，犹恐失之：杨树达先生《古书疑义举例续补》(《古书疑义举例五种》，中华书局 1956 年）有"省句例"，本章即是；如补足，应为"学如不及；及之，犹恐失之"。译文据此。详见北大出版社《论语新注新译》这一章的《考证》。

【译文】　孔子说："做学问好像总也赶不上似的；赶上了，又总怕失去。"

8.18 子曰："巍巍乎，舜、禹之有天下也，而不与焉[①]！"

【注释】　①与：音 yù，参与，这里含着"私有""享受"的意思。

【译文】　孔子说："崇高啊！舜和禹贵为天子，富有四海，却一点也不为自己。"

8. 19 子曰："大哉尧之为君也！巍巍乎！唯天为大，唯尧则之。荡荡乎，民无能名焉。巍巍乎其有成功也，焕乎其有文章！"

【译文】　孔子说："尧作为一个君主，真伟大啊！真高不可攀啊！只有天最高最大，只有尧能学习天。他的恩泽真是无处不到啊，老百姓真不知道怎样称赞他才好！他的功绩实在太崇高了，他的礼仪制度也真够美好了！"

8. 20 舜有臣五人而天下治。武王曰："予有乱臣十人[1]。"孔子曰："才难，不其然乎？唐虞之际，于斯为盛[2]。有妇人焉，九人而已。三分天下有其二，以服事殷。周之德，其可谓至德也已矣。"

【注释】　①乱臣：《说文》："乱，治也。"贾昌朝、林义光、孙德宣等认为训"治"的"乱"和"扰乱"的"乱"原本字形不同，读音不同，根本是两个词，而非什么"反训"。②斯：代词，指人才、能臣。详见北大出版社《论语新注新译》这一章的《考证》。

【译文】　舜有臣子五人而天下大治。武王说："我有善于治理的能人十位。"孔子因此说："人才难得，不是这样吗？唐尧和虞舜之间，人才最为兴盛。（武王的十位能人中，）有一位还是妇女，实际上只有九位罢了。周文王得了天下的三分之二，仍然服事殷商。周的道德，可以说是最高的道德了。"

8. 21 子曰："禹，吾无间然矣[1]。菲饮食而致孝乎鬼神[2]，恶衣服而致美乎黻冕[3]，卑宫室而尽力乎沟洫。禹，吾无间然矣。"

【注释】 ①间：音 jiàn，空隙，引申为人与人的隔阂、嫌隙。②菲：使菲薄。③黻：音 fú，祭祀时穿的礼服；冕，音 miǎn，祭祀时戴的礼帽。

【译文】 孔子说："禹，我对他没有批评了。他自己吃得很差，却把祭品办得极丰盛；穿得很差，却把祭服缝得极华美；住得很坏，却倾全力于沟渠水利。禹，我对他没有批评了。"

子罕篇第九

共三十一章

9.1 子罕言利与命与仁[①]。

【注释】 ①这八个字不能读作“子罕言利，与（yù）命与（yù）仁”，详见北大出版社《论语新注新译》这一章的《考证》。

【译文】 孔子很少（主动）谈到功利、命运和仁德。

9.2 达巷党人曰[①]：“大哉孔子！博学而无所成名。”子闻之，谓门弟子曰：“吾何执？执御乎？执射乎？吾执御矣。”

【注释】 ①达巷党：何晏《集解》引郑玄说：“达巷者，党名也。五百家为党。”

【译文】　达巷这地方的一个人说："孔子真伟大！学问广博，可惜没有足以使他成名的专长。"

孔子听了这话，对学生们说："我干什么好呢？是赶大车呢？还是做弓箭手呢？我赶大车好了。"

9.3 子曰："麻冕，礼也；今也纯[①]，俭[②]，吾从众。拜下[③]，礼也；今拜乎上，泰也。虽违众，吾从下。"

【注释】　①纯：黑色的丝。②俭：节省。绩麻做礼帽比用丝织远为费工。③拜下：臣子对君主的行礼——先在堂下磕头，然后升堂再磕头。

【译文】　孔子说："用麻来织礼帽，是合于礼的；今天大家都用丝料，这样俭省点，我同意大家的做法。臣见君，先在堂下磕头，然后升堂又磕头，这也是合于礼的。今天，大家都只升堂后磕一次头，这是骄泰的表现。虽然违反大家的意愿，我仍然主张先在堂下磕头。"

9.4 子绝四——毋意，毋必，毋固，毋我。

【译文】　孔子要断绝四种毛病——（就是要）不臆测，不武断，不固执，不自以为是。

9.5 子畏于匡[①]，曰："文王既没，文不在兹乎？天之将丧斯文也，后死者不得与于斯文也[②]；天之未丧斯文也，匡人其如予何！"

【注释】　①子畏于匡：畏，通"围"，《淮南子·主术训》说孔子"围于匡，颜色不变，弦歌不辍"。《盐铁论·大论》也说他"见逐于齐，不用于卫，遇围于匡，困于陈蔡"。孔子离开卫国去陈国，经过匡。匡人曾遭受鲁国阳货的掠夺残杀，便误抓了长相很像阳货的孔子。②后死者不得与于斯文：后死者，孔子自称；与，音 yù，参与。

【译文】 孔子被匡地的老百姓围困，便说：“周文王去世以后，一切文化遗产不是都在我这里吗？天如果要灭绝这种文化，那我也不会掌握这种文化了啊！天如果不灭绝这种文化，那匡人能把我怎么样！”

9.6 太宰问于子贡曰[①]：“夫子圣者与？何其多能也？”子贡曰：“固天纵之将圣，又多能也。”

子闻之，曰：“太宰知我乎？吾少也贱，故多能鄙事。君子多乎哉？不多也。”

【注释】 ①太宰：官名。郑玄及刘宝楠都说此章“太宰”是吴太宰嚭。

【译文】 太宰向子贡问道：“孔老先生是位圣人吗？为什么这样多才多艺呢？”子贡说：“这本来是老天让他成为圣人，又让他多才多艺的啊。”

孔子听到，便说：“太宰了解我吗？我小时候贫穷，所以学会了不少鄙贱的技艺。真正的君子会有这样多的技巧吗？是不会的。”

9.7 牢曰[①]：“子云，‘吾不试[②]，故艺’。”

【注释】 ①牢：可能是孔子的学生。②试：用。

【译文】 牢说：“孔子说过，‘我不曾被国家所用，所以学得一些技艺’。”

9.8 子曰：“吾有知乎哉？无知也。有鄙夫问于我，空空如也[①]，我叩其两端而竭焉。”

【注释】 ①空空：即《泰伯篇》（8.16）的“悾悾”，诚恳貌；不是“什么都没有”的意思。因为，如果“空空”表示“什么都没有”，就是形容词“空”的迭用（例如“好好”）。但先秦时期，形容词的迭用一般不由“～～”式转化为“～～如”式。因此，我们只能将“空空”视为迭音形容词（例如“堂堂”）；而迭音形容词，可以有多种写法，如“空空”可作“悾悾”。详见北大出版社《论语新注新译》这一章的《考证》。

【译文】 孔子说：“我有知识吗？没有啊。有个种田的向我求教，很诚恳的样子；我从他那个问题的头和尾去盘问，然后尽量地告诉他。”

9.9 子曰：“凤鸟不至，河不出图[①]，吾已矣夫！”

【注释】 ①凤鸟不至，河不出图：古代传说，凤凰出现，表示天下太平；又说，圣人受命，黄河就出现图画。

【译文】 孔子说：“凤凰不来，黄河也不再出现图画，我这一辈子算是完了吧！”

9.10 子见齐衰者[①]、冕衣裳者与瞽者[②]，见之，虽少，必作；过之，必趋[③]。

【注释】 ①齐衰：音 zī cuī，古代丧服的一种，用缝边的粗麻布做成。②冕衣裳者：衣冠整齐的贵族。③作、趋：作，起；趋，快步走。这都是敬意的表示。

【译文】 孔子看见穿丧服的人、穿戴礼帽礼服的人以及盲人，相见的时候，尽管他们年轻，孔子必定起身；走过的时候，一定快走几步。

9.11 颜渊喟然叹曰：“仰之弥高，钻之弥坚。瞻之在前，忽焉在后。夫子循循然善诱人，博我以文，约我以礼，欲罢不能。

既竭吾才，如有所立卓尔[①]，虽欲从之，末由也已。”

【注释】　①既竭吾才，如有所立卓尔：这两句有歧义。按照孔安国的说法，是孔子“有所立”，句中的“如”是连词，“如果”“假如”的意思；“如有所立”就是“假如（夫子）有所建树”。但韩愈、李翱的《论语笔解》则说“此回自谓虽卓立，未能及夫子之高远也”，又成了颜回“有所立”，句中的“如”为副词，“好像”“似乎”的意思；“如有所立”则是“似乎能够独立地工作”（杨伯峻先生译）。我们同意孔安国说。一是孔说远较《笔解》之说为早，二是《论语》中“如有”二字连言时，“如”一般都是连词，意为“如果”“假如”。详见北大出版社《论语新注新译》这一章的《考证》。

【译文】　颜渊赞叹道：“老师的道德文章，越仰视，越觉得巍峨高大；越钻研，越觉得坚不可摧。（乍一看高深莫测——）看着好像在前面，忽然又到后面去了。但老师循序渐进善于诱导学生，用文献来充实我，用礼节来约束我，让我（乐在其中，）想停都停不下来。我已经用尽我的才华，假如老师又卓然有所建树，即使想再跟上去，又不知从何处走了。”

9.12 子疾病[①]，子路使门人为臣[②]。病间[③]，曰：“久矣哉，由之行诈也！无臣而为有臣。吾谁欺？欺天乎！且予与其死于臣之手也，无宁死于二三子之手乎！且予纵不得大葬，予死于道路乎？”

【注释】　①疾病：“病”是“疾”的补语。②为臣：和今天为有一定地位的人组织治丧委员会相似，不同者，臣在死前便开始工作。③间：音 jiàn，疾病稍有好转。

【译文】　孔子病得厉害，子路便组织学生筹备治丧委员会。痊愈以后，孔子说：“这么长时间了，仲由干这种欺骗的勾当！我不该享有治丧委员会，你却要组织它。我蒙骗谁呢？蒙骗老天吗？我与其死在治丧委员会手里，还不如死在同学们手里呀！况且我即使不能高规格下葬，难道我会死在路上吗？”

9.13 子贡曰：“有美玉于斯，韫椟而藏诸[①]？求善贾而沽诸[②]？”子曰：“沽之哉！沽之哉！我待贾者也。”

【注释】　①韫椟而藏诸：韫，音 yùn，包裹。椟，音 dú，匣子，柜子；这里活用为动词，用柜子装的意思；诸，“之乎”的合音字。②善贾：有两解。一解“贾”为商贾（gǔ），一解“贾”通“价”。善贾，善价，好价钱。但形容词“善”在周秦时代只修饰“人”“士”等；农、工、商、贾、医、匠、庖等职业名一般则用“良”修饰；而在同期文献中，“善”修饰抽象名词如“善政”“善教”等常见。可见，读作“善价”是可以接受的。详见北大出版社《论语新注新译》这一章的《考证》。

【译文】　子贡说：“这里有一块美玉，把它放在柜子里藏起来呢？还是求一个好价钱卖掉呢？”孔子说：“卖掉它，卖掉它！我是在等待识货的人哪。”

9.14 子欲居九夷[①]。或曰：“陋[②]，如之何？”子曰：“君子居之，何陋之有？”

【注释】　①九夷：即淮夷，其北境与齐、鲁接壤。②陋：僻陋、鄙陋，僻远而少文。该词不能解为“简陋”“粗陋”，因为《论语》时代的文献中，“陋”只有僻陋、固陋两义，前者形容地，后者形容人。详见北大出版社《论语新注新译》这一章的《考证》。

【译文】　孔子想搬到九夷去住。有人说：“那地方偏远闭塞，没有文化，怎么好去住？”孔子说：“有君子住在那儿，就不偏远闭塞了。”

9.15 子曰：“吾自卫反鲁，然后乐正，《雅》《颂》各得其所。”

【译文】 孔子说：“我从卫国回到鲁国，才把音乐（的篇章）整理出来，使《雅》和《颂》各有适当的位置。”

9.16 子曰：“出则事公卿，入则事父兄①，丧事不敢不勉，不为酒困，何有于我哉？”

【注释】 ①父兄：孔子父亲早死，故此处只有“兄”有义，古人常有这种用法。

【译文】 孔子说：“出外便服事公卿，入门便服事父兄，有丧事不敢不全力以赴，不被酒所困扰，这些事对我有什么难呢？”

9.17 子在川上曰：“逝者如斯夫！不舍昼夜①。”

【注释】 ①不舍昼夜：“舍”字读音意义有歧义。一读为 shě，意为放弃、抛弃，这一音义后来写作“捨”；一读为 shè，是由客舍义引申出的止息、停留义，古注“音赦”。我们取前一音义，即音 shě，放弃、抛弃义。因为，一是先秦典籍中所有“不舍”，《经典释文》都注“音舍”，从不注“音赦”或其他；二是，先秦典籍中，当“舍”的宾语为谓词性成分或抽象名词等较为抽象的成分时，一般都读作 shě，意为放弃、抛弃。而“昼”“夜”等时间名词也属于广义的抽象名词。详见北大出版社《论语新注新译》这一章的《考证》。

【译文】 孔子在河边上叹道：“消逝的时光就像这河水一样吧！日夜不停地流着。”

9.18 子曰："吾未见好德如好色者也。"

【译文】　孔子说："我还没见过喜爱道德赛过喜爱美貌的人。"

9.19 子曰："譬如为山，未成一篑，止，吾止也。譬如平地，虽覆一篑，进，吾往也。"

【译文】　孔子说："好比堆土成山，只差一筐土了，如果（应该）停止，我会停下来。好比平地堆土成山，即使才刚刚倒下一筐土，如果（应该）前进，我会一往无前。"

9.20 子曰："语之而不惰者，其回也与！"

【译文】　孔子说："听我的话始终不懈怠的，也许只有颜回吧！"

9.21 子谓颜渊曰[①]："惜乎！吾见其进也，未见其止也。"

【注释】　①子谓颜渊曰：唐写本《论语》郑玄注说："颜渊病，孔子往省之，故发此言，痛惜之甚。"那么，这明明是颜渊病重孔子去探视他的时候说的。先秦汉语中，"谓……曰"格式都是"对……说"的意思。有好些《论语》注本，仅仅依据语言系统之外的所谓"情理"，就把"子谓颜渊曰"标点成"子谓颜渊，曰"，实不可信。这一章的"子谓颜渊曰"和7.11的"子谓颜渊曰"完全是一样的意思。详见北大出版社《论语新注新译》这一章的《考证》。

【译文】　孔子对颜渊说："可惜呀！我只看见你不断地进步，从没看见你停滞不前。"

9.22 子曰："苗而不秀者有矣夫[①]！秀而不实者有矣夫[②]！"

【注释】　①秀：禾黍扬花吐穗。②"苗而不秀"不知何指，"秀而不实”当指颜回。

【译文】　孔子说：“庄稼长大了，却没来得及吐穗扬花，是有的吧！吐穗扬花了，却没来得及灌浆结实，是有的吧！”

9.23 子曰：“后生可畏，焉知来者之不如今也？四十、五十而无闻焉，斯亦不足畏也已。”

【译文】　孔子说：“年少的人是可敬畏的，怎么能断定他将来赶不上现在的人呢？到了四五十岁还没有什么名声，他也就不值得惧怕了。”

9.24 子曰：“法语之言，能无从乎？改之为贵。巽与之言[①]，能无说乎？绎之为贵。说而不绎，从而不改，吾末如之何也已矣[②]。”

【注释】　①巽：音 xùn，恭顺貌。②末如之何：犹“莫可奈何”。

【译文】　孔子说：“严肃而合乎原则的话，能够不接受吗？改正错误才可贵。顺从己意的话，能不悦耳吗？分析一下才可贵。盲目高兴，不加分析；假意接受，却不改正，这种人我是拿他没办法的。”

9.25 子曰：“主忠信，毋友不如己者，过则勿惮改[①]。”

【注释】　①参见 1.8。

【译文】　孔子说：“要认忠、信两种品德为主，要交比自己强的朋友。有了错误，就不怕改正。”

9.26 子曰：“三军可夺帅也[①]，匹夫不可夺志也。”

【注释】　①三军：据周朝制度，大国可以拥有三个军，因此以“三军”作为军队的通称。

【译文】 孔子说："一国军队，可以使它丧失主帅；一个男子汉，却不能强迫他改变志向。"

9.27 子曰："衣敝缊袍[①]，与衣狐貉者立而不耻者，其由也与？'不忮不求，何用不臧[②]？'"子路终身诵之。子曰："是道也，何足以臧？"

【注释】 ①衣敝缊袍：衣，音 yì，穿；缊，音 yùn，旧丝棉絮。②这两句诗见《诗经·卫风·雄雉》；臧，善也。

【译文】 孔子说道："穿着破烂的旧丝棉袍子和穿着狐貉裘的人一道站着，而不觉得惭愧的，恐怕只有仲由吧！《诗经》说：'不嫉妒，不心贪，做好啥事都不难。'"子路听了，便老念这两句诗。孔子又说："仅仅这个样子，怎么能够好起来？"

9.28 子曰："岁寒，然后知松柏之后凋也。"

【译文】 孔子说："天寒地冻，才知道松针柏叶是最后凋落的。"

9.29 子曰："知者不惑，仁者不忧，勇者不惧。"

【译文】 孔子说："聪明人不致疑惑，仁德的人总是乐观，勇敢的人无所畏惧。"

9.30 子曰："可与共学，未可与适道；可与适道，未可与立[①]；可与立，未可与权。"

【注释】 ①与立：结为盟友。可参 15.14 注②。

【译文】 孔子说："能够一道学习的人，未必会和他志同道合；能够志同道合的人，未必会成为至交；能够成为至交的人，未必会和他通权达变，事事取得一致。”

9.31 “唐棣之华，偏其反而。岂不尔思？室是远而。”子曰：“未之思也，夫何远之有？”①

【注释】 ①唐棣……夫何远之有：唐棣，一种植物。“唐棣之华，偏其反而”大约就是颜回讲的“瞻之在前，忽焉在后”（9.11）。“夫何远之有”可能是“仁远乎哉？我欲仁，斯仁至矣”（7.30）的意思。

【译文】 古诗上说：“唐棣树的花儿，随风翻飞上下；难道不想念你吗？只因家远在天涯。”孔子说：“他不是真正的想念哪，真的想念，那有什么远呢？”

乡党篇第十

仅一章，今分为九节

10.1 孔子于乡党，恂恂如也[①]，似不能言者。其在宗庙朝廷，便便言[②]，唯谨尔。朝，与下大夫言，侃侃如也；与上大夫言，訚訚如也[③]。君在，踧踖如也[④]，与与如也。君召使摈，色勃如也，足躩如也[⑤]。揖所与立，左右手，衣前后[⑥]，襜如也[⑦]。趋进[⑧]，翼如也。宾退，必复命曰："宾不顾矣。"入公门，鞠躬如也[⑨]，如不容。立不中门，行不履阈。过位[⑩]，色勃如也，足躩如也，其言似不足者。摄齐升堂[⑪]，鞠躬如也，屏气似不息者[⑫]。出，降一等，逞颜色，怡怡如也。没阶，趋进，翼如也。复其位，踧踖如也。

【注释】 ①恂：音 xún，恭顺的样子。②便：音 pián。③訚：音 yín，真正恭敬的样子。④踧踖：音 cù jí，恭敬而局促的样子。⑤躩：音 jué，快步貌。⑥前后：俯仰的意思。⑦襜：音 chān，整齐貌。⑧趋进：俯身向前小步快走，用以表敬意。⑨鞠躬如：谨慎恭敬的样子。⑩过位：经过君主空着的座位；过，音 guō。⑪摄齐：齐，音 zī，衣裳缝了边的下摆；摄，提起。⑫屏气：即屏息。屏，音 bǐng。

【译文】 孔子在本乡本土非常恭顺，好像不能说话的样子。他在宗庙里，朝廷上，便能明白晓畅地说出自己的意见，只是说得不多。上朝时，(在君主到来之前，) 同下大夫说话，温和而快乐；同上大夫说话，正直而恭敬。君主来了，便显出恭敬而局促的样子，行步却从容安详。鲁君召他接待国宾，面色矜持庄重，脚步也快起来。向两旁的人作揖，不停地左右拱手，衣服一俯一仰，却很整齐。快步向前，如鸟儿展翅。贵宾退下后，一定向君主报告："客人已经不回头了。"走进朝廷大门，他的仪容十分敬畏，好像无处容身。站，不站在门中间；走，不踩门槛。经过国君座位，面色矜持，脚步也快，言语也好像中气不足。提起下摆朝堂上走，恭敬谨慎，憋住气好像不呼吸。出来，下一级台阶，面色舒展，怡然自得。下完台阶，轻快地向前走几步，如同鸟儿舒展翅膀。回到自己的位置，又显出恭敬局促的样子。

10.2 执圭[①]，鞠躬如也，如不胜[②]。上如揖，下如授。勃如战色，足蹜蹜如有循[③]。享礼[④]，有容色。私觌[⑤]，愉愉如也。

君子不以绀緅饰[⑥]，红紫不以为亵服[⑦]。当暑，袗絺绤[⑧]，必表而出之。缁衣，羔裘；素衣，麑裘；黄衣，狐裘[⑨]。亵裘长，短右袂[⑩]。必有寝衣[⑪]，长一身有半。狐貉之厚以居[⑫]。

【注释】 ①圭：一种玉器；举行典礼的时候，君臣都拿着。②胜：音 shēng，能担负得了。③蹜蹜：音 suō suō，举脚密而狭的样子。④享礼：出使外国，初到，便行聘问礼。"执圭"到"如有循"正是行聘问礼时孔子的情形。聘问后，便行享礼；使臣把带来的礼物罗列满庭。⑤觌：音 dí，相见。⑥绀緅饰：绀，音 gàn，緅，音 zōu，都是颜色。饰，镶边。古代，正式礼服都是黑色，而这两种颜色都近于黑色，所以不用来镶边，为别的颜色作装饰。⑦红、紫：高贵的颜色，故不宜家居所用。⑧袗絺绤：袗，音 zhěn，单，此处活用为动词，穿单衣；絺，音 chī，细葛布；绤，音 xì，粗葛布。⑨这三句表示衣服里外颜色应该相称。古代皮衣毛向外，故外面一定要用罩衣，即裼（xī）衣。⑩短右袂：袂，音 mèi，袖子。右袖较短，以求工作方便。⑪寝衣：即被子；古代大被叫“衾”，小被叫“被”。⑫狐貉之厚以居：穿着厚狐貉裘在家接待宾客。皇侃《义疏》说：“此谓在家接待宾客之裘也。”也即，在家接待宾客穿着厚狐貉之裘。但刘宝楠《论语正义》却认为“居”有“坐”义，“狐貉之厚以居”是以厚狐貉皮为坐垫。几乎所有《论语》的今注本都从“坐垫”之说。但刘宝楠并未能证明此处的“居”恰恰就是“坐”义，故并不可靠。《礼记·服问》：“公为卿大夫，锡衰以居，出亦如之。”意谓国君为卿大夫服丧，日常居处时服锡衰，外出时亦如此。“狐貉之厚以居”和“锡衰以居”句式完全相同。可见，皇侃《义疏》所说是有道理的。详见北大出版社《论语新注新译》这一节的《考证》（一）。

【译文】 （孔子出使外国，举行典礼，）拿着圭，恭敬谨慎得好像举不起来。向上举好像作揖，向下好像在交给别人。面色凝重如同在作战，脚步紧凑好像踩着一条线似的。献礼物时，满脸和气。和外国君臣私下相见，就显得轻松愉快。

君子不用天青色和铁灰色作镶边，浅红色和紫色的布不用来作平常居家的衣服。暑天，穿着粗的或细的葛布单衣，但一定裹着衬衫，使它露在外面。黑衣配紫羔，白衣配麑裘，黄衣配狐裘。居家的皮袄较长，但右袖要做得短些。睡觉一定有小被，约有一个半人长。（冬天）家居时接待宾客，穿厚狐貉皮裘。

10.3 去丧，无所不佩。非帷裳[①]，必杀之[②]。羔裘玄冠不以吊[③]。吉月，必朝服而朝。

齐，必有明衣，布。齐必变食，居必迁坐[④]。

【注释】 ①帷裳：礼服裙，上朝和祭祀时穿，用整幅布做，不加剪裁。②杀：音 shài，裁去。③羔裘、玄冠：均为黑色，用作吉服，不能穿戴着去吊丧。玄冠，一种礼帽。④迁坐：改变卧室。古代上层人物平时和妻室居于"燕寝"，斋戒时则居于"外寝"（正寝），和妻室不同房。

【译文】 丧服满了以后，什么东西都可以佩带。不是（上朝和祭祀穿的）用整幅布做的裙子，一定裁去一些。紫羔和黑色礼帽都不穿戴着去吊丧。大年初一，必定着上朝的礼服去朝贺。

斋戒沐浴的时候，一定有浴衣，用布做的。斋戒时，一定改变平常的饮食；居住也一定搬迁地方（，不与妻妾同房）。

10.4 食不厌精，脍不厌细。食饐而餲[①]，鱼馁而肉败[②]，不食。色恶，不食。臭恶，不食。失饪，不食。不时，不食。割不正[③]，不食。不得其酱，不食。肉虽多，不使胜食气[④]。唯酒无量，不及乱[⑤]。沽酒市脯不食。不撤姜食，不多食。

【注释】 ①食饐而餲：饐，音 yì；餲，音 ài，饮食经久而腐败。②鱼馁而肉败：馁，音 něi，鱼腐烂；肉腐烂叫"败"。③割不正：不按一定方法分解，即为"割不正"；割，牛羊肢体的分解。④食气：饭料；食，音 sì；气，"饩"的古字。⑤乱：神志昏乱。

【译文】 粮食不嫌舂得精，鱼和肉不嫌切得细。粮食霉烂发臭，鱼和肉腐烂，都不吃。食物颜色难看，不吃。气味难闻，不吃。烹调不当，不吃。不到应该吃的时候，不吃。不按一定方法砍割的肉，不吃。没有一定调味的酱醋，不吃。席面上肉虽然多，吃它不超过主食。只有酒不限量，但不喝醉。买来的酒和肉干不吃。吃完了，姜不撤除，但吃得不多。

10.5 祭于公，不宿肉。祭肉不出三日。出三日，不食之矣。食不语，寝不言。虽疏食菜羹，瓜祭[①]，必斋如也。

【注释】 ①瓜祭：《鲁论语》作“必祭”，有些注家便以为“瓜”字是因形近而讹；其实“瓜”字不讹。唐写本《论语》该“瓜”字有草字头，郑玄注：“三物虽薄，祭之必敬”，与邢昺《疏》同。“三物”是指“疏食”“菜羹”和“瓜”。《礼记·玉藻》：“瓜祭上环，食中，弃所操。”证明“瓜祭”并非于文献无征。俞樾《古书疑义举例》有“探下文而省例”，“疏食菜羹”的“祭”因“瓜”后的“祭”字而省略。详见北大出版社《论语新注新译》这一章的《考证》。

【译文】 参与国家祭祀典礼，不把祭肉留到第二天。其他的祭肉保留不超过三天。如果过了三天，便不吃它了。

吃饭时不交谈，睡觉时不说话。即使是糙米饭、蔬菜汤和瓜的祭祀，祭的时候也一定像斋戒了一样。

10.6 席不正[①]，不坐。乡人饮酒[②]，杖者出，斯出矣。乡人傩[③]，朝服而立于阼阶[④]。问人于他邦[⑤]，再拜而送之[⑥]。

康子馈药[⑦]，拜而受之。曰：“丘未达，不敢尝。”

厩焚。子退朝，曰：“伤人乎？”不问马。

【注释】 ①席：古代没有椅和凳，都是在地面上铺席子，坐在席子上。现在朝鲜、日本仍保留此种习惯。“席不正”是布席不合礼制。

②乡人饮酒：即行乡饮酒礼，详见《礼记·乡饮酒义》。③傩：音 nuó，古代风俗，迎神以驱逐疫鬼。④阼阶：东面的台阶，主人所立之地。阼，音 zuò。⑤问：问讯，问好。古代问讯，常致送礼物。⑥拜：拱手并弯腰。⑦馈：音 kuì，赠送。

【译文】 坐席摆的方向不合礼制，不坐。行乡饮酒礼后，要等老年人都出去了，自己才出去。本地的人们迎神驱鬼，穿着朝服站在东边的台阶上。托人给在外国的朋友问好送礼，便向受托者拜两次送行。

季康子送药给孔子，孔子拜而接受，却说："我对这药的药性不很了解，不敢试服。"

马棚失了火。孔子从朝廷回来，说："伤了人吗？"却不问马。

10.7 君赐食，必正席先尝之。君赐腥，必熟而荐之[①]。君赐生，必畜之。侍食于君，君祭，先饭。

疾，君视之，东首[②]，加朝服，拖绅[③]。君命召，不俟驾行矣。

入太庙，每事问[④]。

【注释】 ①荐：进奉。这里进奉的是自己的祖先，但不能视为祭祀。②东首：国君自以为是全国的主人，就是到其臣下家，也从主人方位的东阶上下，病卧在床的孔子只好脸朝东了。③加朝服，拖绅：孔子卧病，只能将朝服盖在身上；绅，腰间所束的大带。④此六字与 3.18 重复。

【译文】 国君赐给熟食，孔子一定摆正座位先尝一尝。国君赐给生肉，一定先煮熟，再给祖宗进供。国君赐给活物，一定养着它。和国君一同吃饭，当他举行饭前祭礼的时候，自己先吃饭（，不吃菜）。

孔子病了，国君来探问，他便把头朝东，把朝服盖在身上，拖着大带。国君召见，不等车辆驾好马，立即先步行。

到了周公庙，孔子每件事情都发问。

10.8 朋友死，无所归，曰："于我殡①。"朋友之馈，虽车马，非祭肉，不拜。

寝不尸，居不容②。

【注释】 ①殡：这里指一切丧葬事务。②居不容：应为"居不客"，意为日常起居不必如做客般保持仪容。《经典释文》说："苦百反"，"苦百反"即是"客"的反切。唐石经《论语》亦作"居不客"。据考察，"容"在先秦典籍中，其容貌、仪容义（名词）活用为动词（如《史记·刺客列传》之"士为知己者死，女为说己者容"）十分罕见，"客"活用为动词则并不罕见。详见北大出版社《论语新注新译》这一节的《考证》。

【译文】 朋友死了，没人收敛，孔子便说："丧葬由我来料理。"朋友的赠品，即使是车马，只要不是祭肉，孔子接受时也不行礼。

孔子睡觉不像死尸一样（仰卧直躺），平日坐着，也不像接见客人或自己做客人一样（跪着，屁股放在足跟上）。

10.9 见齐衰者，虽狎，必变。见冕者与瞽者，虽亵，必以貌。

凶服者式之①，式负版者②。

有盛馔，必变色而作。

迅雷风烈必变。

升车，必正立，执绥。车中，不内顾，不疾言，不亲指。

色斯举矣，翔而后集。曰："山梁雌雉，时哉时哉！"子路共之③，三嗅而作④。

【注释】 ①式：同“轼”；古代车辆前的横木叫“轼”，这里用作动词，用手伏轼的意思。②版：国家图籍。③共：同“拱”。④嗅：同“狊”，狊，音jù，张两翅之貌。

【译文】 孔子看见穿齐衰以上孝服的人，即便是最亲密的，也一定改变态度（表示同情）。看见戴礼帽的人和盲人，即使常相见，也一定有礼貌。

在车中遇着拿了送死人衣物的人，便把身体微微向前一俯，手伏着车前的横木（表示同情）。遇见背负国家图籍的人，也手伏车前横木。

一有丰盛的菜肴，一定神采飞扬，站立起来。

遇见疾雷、大风，一定改变态度。

上车后，一定先端正地站好，拉着扶手带（登车）。在车中，不向内回顾，不很快地说话，不用手指指点点。

（孔子在山谷中行走，看见几只野鸡。）孔子的脸色刚一动，野鸡便飞向空中，盘旋一阵，又都停在一处。孔子说：“这些山梁上的母野鸡啊，得其时呀！得其时呀！”子路向它们拱拱手，它们又振一振翅膀飞去了。

先进篇第十一

共二十六章

11.1 子曰："先进于礼乐，野人也；后进于礼乐[①]，君子也。如用之，则吾从先进。"

【注释】　①先进、后进：子曰："周监于二代，郁郁乎文哉！吾从周。"又曰："礼，与其奢也，宁俭；丧，与其易也，宁戚。"（均见《八佾》）春秋时期，礼崩乐坏，在位之君子所行者，均非古制；而乡间鄙远，古风存焉，所谓"礼失求诸野"也。

【译文】　孔子说："秉持着西周以前礼乐文教的，是野人；秉持着东周以后礼乐文教的，是君子。若要用礼乐，我主张用西周以前的。"

11.2 子曰："从我于陈、蔡者[①]，皆不及门也。"

【注释】 ①从我于陈、蔡者：从，音 zòng。据《史记·孔子世家》：楚使人聘孔子，适子在陈、蔡之间。二国大夫因平时言行与孔子相左，畏孔子为楚所用，于己不利，因使人围困孔子一行于郊野。绝粮，随从者都饿得爬不起来，唯孔子弦歌不绝。后使子贡至楚，楚兴师，围乃解。

【译文】 孔子说："跟着我在陈国、蔡国之间忍饥挨饿的人，都不在我这里了。"

11.3 德行：颜渊、闵子骞、冉伯牛、仲弓。言语：宰我、子贡。政事：冉有、季路。文学[①]：子游、子夏。

【注释】 ①文学：指古代文献，即孔子所传的《诗》《书》《易》等。

【译文】 （孔子的学生各有千秋。）德行好的有颜渊、闵子骞、冉伯牛、仲弓。能说会道的有宰我、子贡。擅长处理政务的有冉有、季路。熟悉古代文献的有子游、子夏。

11.4 子曰："回也非助我者也，于吾言无所不说。"

【译文】 孔子说："颜回呀，不是对我有所帮助的人，他对我的话没有不喜欢的。"

11.5 子曰："孝哉闵子骞！人不间于其父母昆弟之言。"

【译文】 孔子说："孝顺哪，闵子骞！别人对于他爹娘兄弟称赞他的话没有异议。"

11.6 南容三复白圭[①]，孔子以其兄之子妻之。

【注释】 ①白圭：白圭的四句诗见于《诗经·大雅·抑》，意思是白圭的污点还可以磨掉，我们言语中的污点却没法去掉。大概南容是个谨慎的人，能做到“邦有道，不废；邦无道，免于刑戮”(5.2)。

【译文】 南容把“白圭之玷，尚可磨也；斯言之玷，不可为也”几句诗反复诵读，孔子便把自己的侄女嫁给他。

11.7 季康子问[①]：“弟子孰为好学？”孔子对曰：“有颜回者好学，不幸短命死矣，今也则亡。”

【注释】 ①季康子问：鲁哀公也有此问，孔子回答较详，由此可见孔子对鲁君和季氏的态度。可参6.3。

【译文】 季康子问：“你的学生中，哪个好学？”孔子答道：“有一个叫颜回的好学，不幸短命死了，现在再没有这样的人了。”

11.8 颜渊死，颜路请子之车以为之椁[①]。子曰：“才不才，亦各言其子也。鲤也死[②]，有棺而无椁。吾不徒行以为之椁。以吾从大夫之后[③]，不可徒行也。”

【注释】 ①颜路……为之椁：颜路，颜回父，名无繇（yóu），字路，也是孔子学生；椁，音guǒ，棺材外面的大棺。②鲤：字伯鱼，孔子的儿子，年五十死，时孔子年七十。③以吾从大夫之后：这是谦逊的说法，意为“我曾为大夫”（孔子曾任鲁国司寇）。

【译文】 颜渊死了，他父亲颜路请求孔子卖掉车子来替颜渊置办外棺。孔子说：“不管有才还是没才，但总是各自的儿子。我儿子鲤死了，也只有内棺，而无外棺。我不能（卖掉车子）步行来替他买外棺。因为我也曾随行于大夫行列之后，是不能步行的。”

11.9 颜渊死。子曰："噫！天丧予！天丧予！"

【译文】 颜渊死了，孔子说："唉！老天要我死呀！老天要我死呀！"

11.10 颜渊死，子哭之恸。从者曰："子恸矣！"曰："有恸乎？非夫人之为恸而谁为[①]？"

【注释】 ①非夫人之为恸：夫人，那人；作"恸"的前置宾语。这句可理解为"非为夫人恸"。

【译文】 颜渊死了，孔子哭得很伤心。随从孔子的人说："先生太伤心了！"孔子说："真是太伤心了吗？我不为那个人伤心，还为谁伤心呢！"

11.11 颜渊死，门人欲厚葬之。子曰："不可。"

门人厚葬之。子曰："回也视予犹父也！予不得视犹子也！非我也，夫二三子也！"

【译文】 颜渊死了，孔子的学生们想要很丰厚地埋葬他。孔子说："不可以。"

学生们仍然很丰厚地埋葬了他。孔子说："颜回呀，你对待我好像对待父亲哪！我却不能像对待儿子一样对待你呀！这不能怪我啊，是你的那些同学干的啊！"

11.12 季路问事鬼神。子曰："未能事人，焉能事鬼？"

曰："敢问死[①]。"曰："未知生，焉知死？"

【注释】 ①敢：表敬副词。古代地位低下者向尊贵者进言，多用之。

【译文】 子路问怎样服事鬼神。孔子说："人还不能服事，又怎能去服事鬼？"

子路又说："我冒昧地请问死是怎么回事？"孔子说："生的道理还没有弄明白，怎么能够懂得死？"

11.13 闵子侍侧，訚訚如也；子路，行行如也[①]；冉有、子贡，侃侃如也。子乐。"若由也，不得其死然。"

【注释】 ①行：音 hàng，行行如，刚强负气的样子。

【译文】 闵子骞站在孔子身旁，显得恭敬而正直；子路显得很刚强；冉有、子贡显得温和、愉快。孔子乐了："像仲由啊，怕是不得好死。"

11.14 鲁人为长府。闵子骞曰："仍旧贯，如之何？何必改作？"子曰："夫人不言，言必有中。"

【译文】 鲁国翻修金库——长府。闵子骞道："仍像原来的样子如何？为什么一定要翻修呢？"孔子说："那人平时不大开口，一开口却十分中肯。"

11.15 子曰："由之瑟奚为于丘之门？"门人不敬子路。子曰："由也升堂矣，未入于室也[①]。"

【注释】 ①升堂入室：堂是正厅，室是内室。先入门，次升堂，后入室，表示做学问的几个阶段。

【译文】 孔子说："仲由弹瑟，为什么到我这里来弹呢？"听了这话，学生们便瞧不起子路。孔子说："由啊，学问已经不错了，只是还不够精深罢了。"

11.16 子贡问："师与商也孰贤？"子曰："师也过，商也不及。"

曰："然则师愈与？"子曰："过犹不及。"

【译文】　子贡问孔子："颛孙师（子张）和卜商（子夏）两个人谁强？"孔子说："师呀，有点过分；商呢，有点赶不上。"

子贡说："那么，师强一点么？"孔子说："过分和赶不上一个样。"

11.17 季氏富比周公，而求也为之聚敛而附益之。子曰："非吾徒也。小子鸣鼓而攻之，可也。"

【译文】　季氏比周公还有钱，而冉求还替他搜括，增加更多的财富。孔子说："冉求不是我们的人，你们学生大张旗鼓地去攻击他，是可以的。"

11.18 柴也愚[①]，参也鲁，师也辟[②]，由也喭[③]。

【注释】　①柴：高柴。字子羔，孔子学生，比孔子小三十岁（前521—?）。②辟：邪，偏。《左传》昭公六年："楚辟我衷，若何效辟？"③喭：音 yàn，粗暴，卤莽。

【译文】　高柴愚笨，曾参迟钝，颛孙师偏激，仲由卤莽。

11.19 子曰："回也其庶乎，屡空[①]。赐不受命，而货殖焉，臆则屡中。"

【注释】　①空：既贫（无财货）且穷（行不通）。

【译文】　孔子说："颜回的学问道德差不多了吧，可是常常穷得没办法。端木赐不安本分，囤积投机，猜测行情，却每每猜对了。"

11.20 子张问善人之道。子曰："不践迹，亦不入于室。"

【译文】　子张问怎样做才是善人。孔子说："不踩着别人的脚印走，道德文章也难以到家。"

11.21 子曰："论笃是与[①]，君子者乎？色庄者乎？"

【注释】 ①论笃是与：与，许，赞许，推许；论笃，论笃者；"论笃"是"与"的前置宾语。

【译文】 孔子说："总是推许言论笃实的人，他是真正的君子呢？还是故作深沉的人呢？"

11.22 子路问："闻斯行诸[①]？"子曰："有父兄在，如之何其闻斯行之？"

冉有问："闻斯行诸？"子曰："闻斯行之。"

公西华曰："由也问闻斯行诸，子曰：'有父兄在'；求也问闻斯行诸，子曰：'闻斯行之。'赤也惑，敢问。"子曰："求也退，故进之；由也兼人[②]，故退之。"

【注释】 ①诸："之乎"的合音字。②兼人：兼有两个人的勇气，敢作敢为。

【译文】 子路问："听到就干起来吗？"孔子说："爸爸哥哥还健在，怎么能听到就干起来？"冉有问："听到就干起来吗？"孔子说："听到就干起来。"

公西华说："仲由问听到就干起来吗，您说'父亲哥哥还健在（不能这样做）'；冉求问听到就干起来吗，您却说'听到就干起来'。我给弄糊涂了，大胆地来问问您。"孔子说："冉求平时做事退缩，所以我给他打打气；仲由却有两个人的胆量，所以我要给他泼点冷水。"

11.23 子畏于匡，颜渊后。子曰："吾以女为死矣。"曰："子在，回何敢死？"

【译文】 孔子在匡被围困了之后，颜渊最后才来。孔子说："我还以为你死了。”颜渊说：“您还健在，我怎么敢死呢？”

11.24 季子然问①：“仲由、冉求可谓大臣与？”子曰：“吾以子为异之问，曾由与求之问。所谓大臣者，以道事君，不可则止。今由与求也，可谓具臣矣。”

曰：“然则从之者与？”子曰：“弑父与君，亦不从也。”

【注释】 ①季子然：当为季氏同族之人。

【译文】 季子然问：“仲由和冉求可以说是大臣吗？”孔子说：“我以为您是问别人，原来问的是由与求啊。我们所说的大臣，应心怀仁义来服事君主，如果这样行不通，就宁愿辞职不干。如今由和求这两个人，可以说是初具资格的臣子了。”

季子然又问：“那么，他们会服从上级吗？”孔子说：“杀父亲和君主的事，他们也不会服从的。”

11.25 子路使子羔为费宰。子曰：“贼夫人之子！”

子路曰：“有民人焉，有社稷焉，何必读书，然后为学？”

子曰：“是故恶夫佞者。”

【译文】 子路叫子羔去做费县县长。孔子说：“这是害了那里人的儿子！”

子路说：“那地方有老百姓，有土地和五谷，为什么定要读书才叫做学问呢？”

孔子说：“所以我讨厌那巧舌如簧的人。”

11.26 子路、曾皙①、冉有、公西华侍坐②。

子曰：“以吾一日长乎尔，毋吾以也。居则曰③：‘不吾知也！’如或知尔，则何以哉？”

子路率尔而对曰：“千乘之国，摄乎大国之间，加之以师旅，因之以饥馑；由也为之，比及三年[④]，可使有勇，且知方也。”

夫子哂之。

“求！尔何如？”

对曰：“方六七十[⑤]，如五六十[⑥]，求也为之，比及三年，可使足民。如其礼乐，以俟君子。”

【注释】 ①曾晳：名点，曾参的父亲，也是孔子学生。②从这一句到“宗庙会同……孰能为之大”为一章，今为阅读方便，分为三节。③居：平居，平常。④比：音 bì，等到。⑤方六七十：方圆六七十里。⑥如：或者。

【译文】 子路、曾晳、冉有、公西华四人陪孔子坐着。

孔子说道：“因为我比你们痴长几天，（老了，）没有人用我了。你们平日说：‘人家不了解我啊！’如果有人了解你们，（打算请你们出去，）那你们怎么办呢？”

子路不假思索地答道：“一千辆兵车的国家，局促地处在几个大国之间，外面有军队侵犯它，国内又常闹灾荒。我去治理，等到三年以后，可以使人人有勇气，而且懂得大道理。”

孔子微微一笑。

又问：“冉求！你怎么样？”

答道：“方圆六七十里或者五六十里的小国家，我去治理，等到三年以后，可以使人民丰衣足食。至于修明礼乐，那只有等待贤人君子了。”

“赤！尔何如？”

对曰：“非曰能之，愿学焉。宗庙之事，如会同，端章甫[①]，愿为小相焉[②]。”

“点！尔何如？”

鼓瑟希，铿尔，舍瑟而作[③]，对曰：“异乎三子者之撰。”

子曰：“何伤乎？亦各言其志也。”

曰：“莫春者[④]，春服既成[⑤]，冠者五六人，童子六七人，浴乎沂[⑥]，风乎舞雩[⑦]，咏而归。”

夫子喟然叹曰[⑧]：“吾与点也！”

【注释】 ①端章甫：端，礼服；章甫，礼帽；这里都活用作动词。②相：音 xiàng，赞礼者。③作：站立。④莫：“暮”的古字。⑤成：定。⑥沂：音 yí，水名，源出山东邹县西北，西经曲阜与洙水合，入于泗水。⑦舞雩：用以求雨的台名。在今曲阜市南郊。雩，音 yú。⑧喟然：长叹息貌；喟，音 kuì。

【译文】 孔子又问：“公西赤！你怎么样？”

答道：“不是说我已经很有能力了，我愿意这样学习：祭祀的工作或者同外国会盟，我穿着礼服，戴着礼帽，做一个小司仪者。”

又问：“曾点！你怎么样？”

他弹瑟正近尾声，铿的一声把瑟放下，站起来答道：“我的志向和他们三位所讲的不同。”

孔子说：“有什么关系呢，正是要各人说出自己的志向哪！”

曾皙便说：“暮春时节，春天衣服都已穿定了，我和五六位成年人，六七个小孩，在沂水中洗洗澡，在舞雩台上吹吹风，再唱着歌儿回家。”

孔子长叹一声说：“我同意曾点的主张！”

三子者出，曾皙后。曾皙曰：“夫三子者之言何如？”

子曰：“亦各言其志也已矣。”

曰："夫子何哂由也？"

曰："为国以礼，其言不让，是故哂之。"

"唯求则非邦也与[1]？"

"安见方六七十如五六十而非邦也者？"

"唯赤则非邦也与？"

"宗庙会同，非诸侯而何？赤也为之小，孰能为之大？"

【注释】 ①唯：用在句首引出话题的助词。

【译文】 子路、冉有、公西华三人都出去了，曾皙后走。曾皙问道："那三位同学的话怎样？"

孔子说："也不过各人说说自己的志向罢了。"

曾皙又说："先生为什么对仲由微笑呢？"

孔子说："治理国家应该讲求礼，可是他的话一点都不谦让，所以笑笑他。"

"难道冉求所讲的就不是国家吗？"

孔子说："怎么见得方圆六七十里或五六十里地就不够一个国家呢？"

"公西赤所讲的不是国家吗？"

孔子说："有宗庙，有国际间的盟会，不是国家是什么？（我笑仲由的不是说他不能治理国家，而是笑他说话的内容和态度不够谦虚。譬如公西赤，他是个十分懂得礼仪的人，但他只说愿意学着做一个小司仪者。）如果他只做一个小司仪者，又有谁来做大司仪者呢？"

颜渊篇第十二

共二十五章

12.1 颜渊问仁。子曰：“克己复礼为仁。一日克己复礼，天下归仁焉①。为人由己，而由人乎哉？”

颜渊曰：“请问其目。”子曰：“非礼勿视，非礼勿听，非礼勿言，非礼勿动。”

颜渊曰：“回虽不敏，请事斯语矣。”

【注释】 ①天下归仁：天下（的百姓）都将归向仁德。清代毛奇龄说这章的“归仁”乃是“称仁”的意思，毛说不确。详见北大出版社《论语新注新译》这一章的《考证》。

【译文】 颜渊问仁德。孔子说：“抑制自己，使言语行动都回复到礼所允许的范围，就是仁。一旦这样做成了，天下的人都会归向仁德。实践仁德，全靠自己，难道还靠别人不成？”

颜渊说：“请问行动的纲领。”孔子说：“不合礼的事不看，不合礼的话不听，不合礼的话不说，不合礼的事不做。”

颜渊说：“我虽不聪敏，也要实行您这话。”

12.2 仲弓问仁。子曰：“出门如见大宾，使民如承大祭。己所不欲，勿施于人。在邦无怨，在家无怨。”

仲弓曰：“雍虽不敏，请事斯语矣。”

【译文】 仲弓问仁德。孔子说：“出门（工作）好像去接待贵宾，役使百姓好像去承担大祀典，（事事严肃认真，小心谨慎。）自己所不喜欢的事物，就不强加于别人。在工作岗位上不对工作有怨言，就是不在工作岗位上也没有怨言。”

仲弓说：“我虽然不聪敏，也要实行您这话。”

12.3 司马牛问仁①。子曰：“仁者，其言也讱。”

曰：“其言也讱，斯谓之仁已乎？”子曰：“为之难，言之得无讱乎？”

【注释】 ①司马牛问仁：《史记·仲尼弟子列传》：“司马耕，字子牛，牛多言而躁，问仁于孔子。孔子曰：‘仁者其言也讱。’”

【译文】 司马牛问仁德。孔子说：“仁人，他的言语迟钝。”

司马牛说：“言语迟钝，这就叫做仁了吗？”孔子说：“做起来不容易，说话能够不迟钝吗？”

12.4 司马牛问君子。子曰：“君子不忧不惧。”

曰：“不忧不惧，斯谓之君子已乎？”子曰：“内省不疚，夫何忧何惧？”

【译文】　司马牛问怎样才能成为一个君子。孔子说：“君子不忧愁，不恐惧。”

司马牛说：“不忧愁，不恐惧，这样就可以叫做君子了吗？”孔子说：“自己问心无愧，那有什么可以忧愁和恐惧的呢？”

12.5 司马牛忧曰：“人皆有兄弟，我独亡。”子夏曰：“商闻之矣[①]：死生有命，富贵在天。君子敬而无失，与人恭而有礼。四海之内，皆兄弟也！君子何患乎无兄弟也？”

【注释】　①商：卜商，字子夏。

【译文】　司马牛忧愁地说：“别人都有兄弟，就我没有。”子夏说：“我听说过：死生听之命运，富贵由天安排。君子只是对待工作严肃认真，不出差错，对待别人辞色恭谨，合乎礼节。普天之下，到处都有兄弟！君子又何必着急没有兄弟呢？”

12.6 子张问明。子曰：“浸润之谮[①]，肤受之诉，不行焉，可谓明也已矣。浸润之谮，肤受之诉，不行焉，可谓远也已矣。”

【注释】　①谮：音 zèn，谗言。

【译文】　子张问怎样做才算是个明白人。孔子说：“点滴而来、日积月累的谗言和肌肤所受、急迫切身的诬告在你这里都行不通，那你可以算是看得明白的了。点滴而来、日积月累的谗言和肌肤所受、急迫切身的诬告在你这里都行不通，那你可以算是看得远的了。”

12.7 子贡问政。子曰：“足食，足兵，民信之矣[①]。”

子贡曰："必不得已而去，于斯三者何先？"曰："去兵。"

子贡曰："必不得已而去，于斯二者何先？"曰："去食。自古皆有死，民无信不立。"

【注释】 ①信：信任，相信。"听其言而信其行。"（5.10）按，此处"信"不能释为"信仰"，因为《论语》时代以至以后很长一段时期"信"都没有"信仰"的意义。

【译文】 子贡问怎样去治理政事。孔子说："充足粮食，充足军备，百姓就信任政府了。"

子贡说："如果迫不得已，在粮食、军备和人民的信任三者之中一定要去掉一项，先去掉哪一项？"孔子说："去掉军备。"

子贡说："如果迫不得已，在粮食和人民的信任两者之中一定要去掉一项，先去掉哪一项？"孔子说："去掉粮食。（没有粮食，不过一死，但）自古以来谁都免不了死亡。如果人民缺乏对政府的信任，国家是站不起来的。"

12.8 棘子成曰[①]："君子质而已矣，何以文为？"子贡曰："惜乎，夫子之说君子也！驷不及舌。文犹质也，质犹文也。虎豹之鞟犹犬羊之鞟[②]。"

【注释】 ①棘子成：卫国大夫。古代大夫都可被尊称为"夫子"。②鞟：音 kuò，去了毛的兽皮。

【译文】 棘子成说："君子只要有好的本质就行了，要那些文采、（那些仪节、那些形式）干什么？"子贡说："可惜呀，先生这样谈论君子。一言既出，驷马难追。本质和文采，是同等重要的。假若把虎豹和犬羊两类兽皮拔去有文采的毛，那这两类皮革就很难区别了。"

12.9 哀公问于有若曰："年饥，用不足，如之何？"

有若对曰："盍彻乎？"

曰："二，吾犹不足，如之何其彻也？"

对曰："百姓足，君孰与不足？百姓不足，君孰与足？"

【译文】 鲁哀公向有若问道："年成不好，国家用度不足，该怎么办？"

有若答道："为什么不实行十分抽一的税率呢？"

哀公说："十分抽二，我还不够，怎么能十分抽一呢？"

答道："如果百姓的用度够，您怎么会不够？如果百姓的用度不够，您又怎么会够？"

12.10 子张问崇德辨惑。子曰："主忠信，徙义[①]，崇德也。爱之欲其生，恶之欲其死。既欲其生，又欲其死，是惑也。'诚不以富，亦祇以异[②]。'"

【注释】 ①徙义：徙于义，以义为归依。徙，迁往，归附。②诚不以富，亦祇以异：见《诗经·小雅·我行其野》。用在这里，很可能是错简所致。祇，音 zhī，只，仅仅。

【译文】 子张问怎样提高品德，辨别迷惑。孔子说："以忠诚信实为主，唯义是从，就可以提高品德。爱一个人，希望他长寿，厌恶起来，恨不得他马上死去。既要他长寿，又要他短命，这便是迷惑。这样，的确对自己毫无益处，只是使人奇怪罢了。"

12.11 齐景公问政于孔子。孔子对曰："君君，臣臣，父父，子子。"公曰："善哉！信如君不君，臣不臣，父不父，子不子，虽有粟，吾得而食诸？"

【译文】 齐景公向孔子问政治。孔子答道："君要像个君，臣要像个臣，父亲要像父亲，儿子要像儿子。”景公说：“对呀！若真是君不像君，臣不像臣，父不像父，子不像子，虽然有很多粮食，我能吃得上吗？”

12.12 子曰：“片言可以折狱者[①]，其由也与？”

【注释】 ①片言：单辞。打官司一定有原告、被告两方面的人，叫做“两造”。孔子说子路片言可以折狱，不过表示他的为人诚实直率，别人不愿欺他罢了。

【译文】 孔子说：“根据一方面的言语就可以判决案件的，大概只有仲由吧！”

12.13 子路无宿诺。

【译文】 子路从不拖延诺言。

12.14 子曰：“听讼[①]，吾犹人也，必也使无讼乎！”

【注释】 ①听讼：孔子曾任治理刑事的大司寇一职。

【译文】 孔子说：“审理诉讼，我同别人差不多。一定要使诉讼的事件完全消灭才好。”

12.15 子张问政。子曰：“居之无倦，行之以忠。”

【译文】 子张问政治。孔子说：“在位不要疲倦懈怠，执行政令要忠心。”

12.16 子曰：“博学于文，约之以礼，亦可以弗畔矣夫[①]！”

【注释】 ①参见6.27，内容一致。

【译文】 孔子说：“广泛地学习文献，再用礼节约束自己，也可以不离经叛道了吧!”

12.17 子曰:“君子成人之美,不成人之恶。小人反是。”

【译文】 孔子说:“君子成全别人的好事,不促成别人的坏事。小人却和这相反。”

12.18 季康子问政于孔子。孔子对曰:“政者,正也。子帅以正,孰敢不正?”

【译文】 季康子向孔子问政治。孔子答道:“‘政’字的意思就是端正。您自己带头端正,谁敢不端正呢?”

12.19 季康子患盗,问于孔子。孔子对曰:“苟子之不欲,虽赏之不窃。”

【译文】 季康子苦于盗贼太多,向孔子求教。孔子答道:“假如您不贪求太多的财货,就是奖励偷抢,他们也不会干。”

12.20 季康子问政于孔子曰[①]:“如杀无道,以就有道,何如?”孔子对曰:“子为政,焉用杀?子欲善而民善矣。君子之德风,小人之德草。草上之风,必偃。”

【注释】 ①季康子问政于孔子:季孙肥(康子)袭其父位于鲁哀公三年七月,以上三章季康子之问,当在此以后。

【译文】 季康子向孔子请教政治,说道:“假若杀掉坏人来亲近好人,怎么样?”孔子答道:“您治理国家,为什么要杀戮?您想把国家治理好,百姓就会好起来。领导人的作风好比风,老百姓的作风好比草。风向哪边吹,草向哪边倒。”

12.21 子张问："士何如斯可谓之达矣？"子曰："何哉，尔所谓达者？"子张对曰："在邦必闻，在家必闻。"子曰："是闻也，非达也。夫达也者，质直而好义，察言而观色，虑以下人。在邦必达，在家必达。夫闻也者，色取仁而行违，居之不疑。在邦必闻，在家必闻。"

【译文】 子张问："读书人要怎样做才可以叫做通达？"孔子说："你所说的通达是什么意思？"子张答道："在朝廷做官时一定有名望，在大夫家工作时一定有名望。"孔子说："这是闻名，不是通达。怎样才是通达呢？品质正直，遇事讲理，善于分析别人的言语，观察别人的颜色，从思想上愿意对别人退让。这样，他在朝廷做官必定事事通达，在大夫家也一定事事通达。至于闻名，表面上似乎爱好仁德，实际行为却不如此，而自己竟以仁人自居而毫不怀疑。这种人，做朝廷的官时一定会博取名望，在大夫家工作时也一定会博取名望。"

12.22 樊迟从游于舞雩之下，曰："敢问崇德，修慝①，辨惑。"子曰："善哉问！先事后得，非崇德与？攻其恶，无攻人之恶，非修慝与？一朝之忿，忘其身，以及其亲，非惑与？"

【注释】 ①修慝：修，修理，整理，清理，清算，修饰，修好，修治；按，"修"含义颇宽泛，既可修德、修好、修城、修垣（例多不举），又可"修怨"（《左传》隐公四年、哀公元年，清理清算旧怨之谓）。此处"修慝"的"修"，是"修治"的意思，故译为"消除"。慝，音 tè，藏匿于心中的怨恨。

【译文】 樊迟陪同孔子在舞雩台下游玩，他说："请问怎样提高自己的品德，怎样消除别人对自己不露面的怨恨，怎么辨别出哪种是糊涂事。"

孔子说："问得好！首先付出劳动，然后收获，不是提高品德了吗？批判自己的坏处，不去批判别人的坏处，不就消除无形的怨恨了吗？因为偶然的忿怒，便忘记自己，甚至忘记了爹娘，不是糊涂吗？"

12.23 樊迟问仁。子曰："爱人。"问知。子曰："知人。"

樊迟未达。子曰："举直错诸枉[①]，能使枉者直。"

樊迟退，见子夏曰："乡也吾见于夫子而问知[②]，子曰，'举直错诸枉，能使枉者直'，何谓也？"

子夏曰："富哉言乎！舜有天下，选于众，举皋陶[③]，不仁者远矣。汤有天下[④]，选于众，举伊尹[⑤]，不仁者远矣。"

【注释】 ①举直错诸枉：错，安放，安置；诸，"之于"的合音字；枉，不正。②乡：同"向"，刚才。③皋陶：音 gāo yáo，舜的臣子。④汤：商朝开国之君，名履，伐夏桀而得天下。⑤伊尹：汤的辅相。

【译文】 樊迟问什么是仁。孔子说："爱人。"又问什么是智，孔子说："善于了解别人。"

樊迟还不理解。孔子说："提拔正直的人，把他安置在不正直的人之上，能够使不正直的人正直。"

樊迟退了出来，找到子夏，说道："刚才我去见老师，请教什么是智，他说：'提拔正直的人，把他安置在不正直的人之上，能够使不正直的人正直。'这是什么意思？"

子夏答道："这话的意义多么丰富啊！舜有了天下，在众人之中挑选，提拔了皋陶，坏人就被疏远了。汤有了天下，在众人之中挑选，提拔了伊尹，坏人就被疏远了。"

12.24 子贡问友。子曰："忠告而善道之，不可则止，毋自辱焉。”

【译文】 子贡问如何对待朋友。孔子说：“忠心地劝告他，好好地引导他，他不听从，也就罢了，不要自取其辱。”

12.25 曾子曰：“君子以文会友，以友辅仁。”

【译文】 曾子说：“君子用文章学问来聚会朋友，用朋友来帮助自己培养仁德。”

子路篇第十三

共三十章

13.1 子路问政。子曰："先之劳之。"请益。曰："无倦。"

【译文】 子路问执政之道。孔子说："先给百姓做榜样，然后役使他们。"子路请求多讲一点。孔子又说："兢兢业业地工作。"

13.2 仲弓为季氏宰，问政。子曰："先有司，赦小过，举贤才。"

曰："焉知贤才而举之？"子曰："举尔所知；尔所不知，人其舍诸？"

【译文】 仲弓当了季氏的管家，向孔子问政治。孔子说："给工作人员做榜样，原谅别人的小过失，推举贤能的人。”

仲弓说：“怎样去识别贤能的人并提拔他们呢？”孔子说：“推举你所知道的；你所不知道的，别人难道会舍弃他吗？”

13.3 子路曰：“卫君待子而为政①，子将奚先？”

子曰：“必也正名乎！”

子路曰：“有是哉，子之迂也！奚其正？”

子曰：“野哉，由也！君子于其所不知，盖阙如也。名不正，则言不顺；言不顺，则事不成；事不成，则礼乐不兴；礼乐不兴，则刑罚不中；刑罚不中，则民无所错手足②。故君子名之必可言也，言之必可行也。君子于其言，无所苟而已矣。”

【注释】 ①卫君：卫出公，名辄。②错：放置。

【译文】 子路对孔子说：“卫君等着您去治理国政，您准备首先干什么？”

孔子说：“那一定是纠正名分上的用词不当吧！”

子路说：“您的迂腐竟到了如此地步吗！这又何必纠正？”

孔子说：“你怎么这样粗野！君子对于他所不懂的，大概采取保留态度（而不会像你这样乱说）。用词不当，言语就不能顺理成章；言语不顺理成章，工作就不能搞好；工作搞不好，国家的礼乐制度也就举办不起来；礼乐制度举办不起来，刑罚也就不会得当；刑罚不得当，百姓就会（无所适从，）连手脚都不晓得摆在哪里好。所以君子用一个词，一定可以说得出用它的道理来；而顺理成章的话也一定行得通。君子对于措词说话要没有一点马虎的地方，才肯罢休。”

13.4 樊迟请学稼。子曰：“吾不如老农。”请学为圃。曰：

"吾不如老圃。"

樊迟出。子曰："小人哉，樊须也[1]！上好礼，则民莫敢不敬；上好义，则民莫敢不服；上好信，则民莫敢不用情。夫如是，则四方之民襁负其子而至矣，焉用稼？"

【注释】　①樊须：字子迟。

【译文】　樊迟请求学种庄稼。孔子说："我不如老农夫。"又请求学种蔬菜。孔子说："我不如老菜农。"

樊迟出去了。孔子说："樊须真是小人！做官的讲礼节，老百姓就没人敢不尊敬；做官的讲道理，老百姓就没人敢不服从；做官的讲信誉，老百姓就没人敢不说真话。能做到这样，四面八方的老百姓都会背负着小儿女来投靠，为什么要自己种地呢？"

13.5 子曰："诵《诗》三百，授之以政，不达；使于四方，不能专对[1]；虽多，亦奚以为[2]？"

【注释】　①使于四方，不能专对：古代使节，只接受使命，至于交涉应对，全靠随机应变，这就是"专对"。又，当时的外交酬酢和谈判，多以背诵《诗经》来表达己意。②亦奚以为：奚以，怎样，如何。为，做。详见北大出版社《论语新注新译》这一章的《考证》。

【译文】　孔子说："熟读《诗经》三百篇，让他处理政务，却不能顺畅通达；出使外国，又不能独立应对；即便读得多，又如何去做呢？"

13.6 子曰："其身正，不令而行；其身不正，虽令不从。"

【译文】　孔子说："当权者自己行得正，不发命令，政令也能贯彻。自己行为不检点，即使三令五申，老百姓也不会听从。"

13.7 子曰："鲁卫之政，兄弟也。"

【译文】 孔子说："鲁国和卫国的政治，像兄弟一般（相差无几）。"

13.8 子谓卫公子荆："善居室。始有，曰：'苟合矣[①]。'少有，曰：'苟完矣。'富有，曰：'苟美矣。'"

【注释】 ①苟合：差不多合适，基本上够了。俞樾《群经平议》说这一"苟"是足够的意思，误。详见北大出版社《论语新注新译》这一章的《考证》。

【译文】 孔子谈到卫国的公子荆，说："他善于居家过日子。刚有一点，便说：'差不多合适了。'增加了一点，又说道：'差不多完备了。'多有一点，便说道：'差不多美轮美奂了。'"

13.9 子适卫，冉有仆[①]。子曰："庶矣哉！"

冉有曰："既庶矣，又何加焉？"曰："富之。"

曰："既富矣，又何加焉？"曰："教之。"

【注释】 ①仆：动词，驾驭车马。

【译文】 孔子到卫国，冉有替他驾车子。孔子说："人真多啊！"

冉有说："人口已经众多了，又该干什么呢？"孔子说："让他们富起来。"

冉有说："已经富裕了，又该干什么呢？"孔子说："教育他们。"

13.10 子曰："苟有用我者，期月而已可也[①]，三年有成。"

【注释】 ①期月：一年；期，同"朞"，音 jī。

【译文】 孔子说："如有用我主持国家政事的，一年也就差不多了，三年便会很有成绩。"

13.11 子曰：“‘善人为邦百年，亦可以胜残去杀矣。’诚哉是言也！”

【译文】 孔子说：“‘善人治理国家一百年，也可以克服残暴免除杀戮了。’这话说得真对呀！”

13.12 子曰：“如有王者，必世而后仁[①]。”

【注释】 ①世：三十年为一世。

【译文】 孔子说：“假如有王者兴起，一定需要三十年才能使仁政大行。”

13.13 子曰：“苟正其身矣，于从政乎何有？[①]不能正其身，如正人何？”

【注释】 ①何有：有什么困难。

【译文】 孔子说：“假若端正了自己，治理国家还有什么困难呢？连本身都不能端正，又怎能端正别人呢？”

13.14 冉子退朝。子曰：“何晏也？”对曰：“有政。”子曰：“其事也，如有政，虽不吾以，吾其与闻之[①]。”

【注释】 ①与：音 yù，参与。据《左传》，季氏曾用田赋的事征求孔子意见，可见孔子的“如有政，吾其与闻之”是有根据的。但冉有不明白“政”和“事”的区别，孔子又讲求“正名”，故有此章。

【译文】 冉有下班回来。孔子说：“今天为什么回得晚了呢？”答道：“有政务。”孔子说：“那只是事务罢了。如果有政务，虽然不用我了，我也会知道的。”

13.15 定公问："一言而可以兴邦，有诸？"

孔子对曰："言不可以若是其几也[①]。人之言曰：'为君难，为臣不易。'如知为君之难也，不几乎一言而兴邦乎？"

曰："一言而丧邦，有诸？"

孔子对曰："言不可以若是其几也。人之言曰：'予无乐乎为君，唯其言而莫予违也。'如其善而莫之违也，不亦善乎？如不善而莫之违也，不几乎一言而丧邦乎？"

【注释】 ①言不可以若是其几也：有些《论语》注本作"言不可以若是，其几也"，我们不取。"若是其"为当时习语，其后通常接形容词，表示"如此……""像这样地……"，如《孟子·梁惠王下》："若是其大乎？"《晏子春秋·内篇杂下》："晏子之家，若是其贫也。"几，音jī，近；这里可译为机械、拘泥。详见北大出版社《论语新注新译》这一章的《考证》。

【译文】 鲁定公问："一句话兴盛国家，有这事吗？"

孔子答道："说话可不能像这样地简单机械。不过，大家都说：'做君主很难，做臣子不容易。'如果知道做君主的艰难，(事事自然会认真谨慎地去干,）这不就接近一句话便兴盛国家了吗？"

定公又说："一句话丧失国家，有这事吗？"

孔子答道："说话可不能像这样地简单机械。不过，大家都说：'我做君主没有别的快乐，只是我说任何话都没人敢违抗。'如果说的话正确而没人敢违抗，不也好么？如果说的话不正确也没人敢违抗，这不就接近一句话便丧失国家了吗？"

13.16 叶公问政。子曰："近者悦，远者来[①]。"

【注释】 ①近者悦，远者来：这两句话有的注家译为“境内的人使他高兴，境外的人使他来投奔”“境内的人使他们欢悦，远方的人使他们来归”。我们不取。因为，按《论语》的句法，如要这样翻译，应作“近者悦之，远者来之”。详见北大出版社《论语新注新译》这一章的《考证》。

【译文】 叶公问政治。孔子说：“只有境内的人欢悦，境外的人才会来归。”

13.17 子夏为莒父宰[①]，问政。子曰：“无欲速，无见小利。欲速，则不达；见小利，则大事不成。”

【注释】 ①莒父：鲁国之一邑；莒，音jǔ。

【译文】 子夏做了莒父的县长，问政治。孔子说：“不要图快，不要顾小利。图快，反而达不到目的；顾小利，大事就办不成功。”

13.18 叶公语孔子曰：“吾党有直躬者，其父攘羊[①]，而子证之[②]。”孔子曰：“吾党之直者异于是：父为子隐，子为父隐，直在其中矣[③]。”

【注释】 ①攘：《淮南子》高诱注：“凡六畜自来而取者，曰‘攘’也。”②证：告发，检举。③直在其中：孔子伦理哲学的基础就在于“孝”和“慈”，因之说父子相隐，直在其中。除极个别国家外，现代各国刑法都有“亲属容隐制”，“父为子隐，子为父隐”，隐者无罪。

【译文】 叶公告诉孔子说：“我那里有个正直坦率的人，他父亲顺手牵羊，他便告发。”孔子说：“我们那里正直坦率的人和你们的不同：父亲替儿子隐瞒，儿子替父亲隐瞒。正直就在这里面。”

13.19 樊迟问仁。子曰：“居处恭，执事敬，与人忠。虽之夷狄[①]，不可弃也。”

【注释】 ①之：到，往。

【译文】 樊迟问仁。孔子说：“平日容貌态度端正庄严，工作严肃认真，为别人忠心诚意。这几种品德，纵是到了野蛮人的国度，也是不能废弃的。”

13.20 子贡问曰：“何如斯可谓之士矣？”子曰：“行己有耻，使于四方，不辱君命，可谓士矣。”

曰：“敢问其次。”曰：“宗族称孝焉，乡党称弟焉。”

曰：“敢问其次。”曰：“言必信，行必果，硁硁然小人哉！——抑亦可以为次矣。”

曰：“今之从政者何如？”子曰：“噫！斗筲之人[①]，何足算也？”

【注释】 ①斗筲之人：指气度狭小的人。筲，音 shāo，饭筐。

【译文】 子贡问道：“怎样才可以叫做‘士’？”孔子说：“自己行为保持羞耻之心，出使各国，不负君主的使命，这就可以叫做‘士’了。”

子贡说：“请问次一等的。”孔子说：“宗族称赞他孝顺父母，乡里称赞他恭敬兄长。”

子贡又说：“请问再次一等的。”孔子说：“言语一定信实，行为一定坚决，这是不问黑白而只管自己贯彻言行的小人哪！但也可以说是再次一等的‘士’了。”

子贡说：“现在的执政诸公怎么样？”孔子说：“咳！这班器识狭小的人算什么东西！”

13.21 子曰："不得中行而与之，必也狂狷乎[①]！狂者进取，狷者有所不为也。"

【注释】 ①狷：音 juàn，洁身自好。

【译文】 孔子说："不能得到言行方正的人和他相交，又硬要交友的话，那总要交到狂放和狷介的人吧，狂放者敢于进取，狷介者还不至于做坏事。"

13.22 子曰："南人有言曰：'人而无恒，不可以作巫医[①]。'善夫！"

"不恒其德，或承之羞。"子曰："不占而已矣。"

【注释】 ①巫医：巫者和医师。详见北大出版社《论语新注新译》这一章的《考证》(一)。

【译文】 孔子说："南方人有句话说，'作为一个人，却没有恒心，连巫者和医生都做不了'。这话说得好啊！"

《易经·恒卦》的爻辞说："三心二意，翻云覆雨，总有人招致羞耻。"孔子又说："这话的意思是叫无恒心的人不必去占卦罢了。"

13.23 子曰："君子和而不同，小人同而不和[①]。"

【注释】 ①和，同：春秋时代的两个常用术语。和，指多种事物的和谐相处，即所谓相反相成。"和"表现在君臣关系上，就是臣子赞成君主的正确意见，而不赞成他的错误意见。同，则与之相反，只是一味地盲从，以求明哲保身。

【译文】 孔子说："君子追求在正确前提下的和谐，却不肯盲从；小人只会盲从，却不肯坚持正确立场。"

13.24 子贡问曰："乡人皆好之，何如？"子曰："未可也。"

"乡人皆恶之，何如？"子曰："未可也；不如乡人之善者好之，其不善者恶之。"

【译文】 子贡问道："一乡的人都喜欢他，这个人怎么样？"孔子说："还不行。"

子贡又说："一乡的人都厌恶他，这个人怎么样？"孔子说："还不行。最好一乡的好人都喜欢他，一乡的坏人都厌恶他。"

13.25 子曰："君子易事而难说也①。说之不以道，不说也；及其使人也，器之。小人难事而易说也。说之虽不以道，说也；及其使人也，求备焉。"

【注释】 ①易事而难说：易事，容易共事；说，音 yuè，"悦"的古字。

【译文】 孔子说："在君子手下工作很容易，讨他的欢喜却难。不用正当的方式去讨他的欢喜，他是不会欢喜的；等到他使用人的时候，却衡量各人的才德去分配任务。在小人手下工作很难，讨他的欢喜却容易。用不正当的方式去讨他的欢喜，他会欢喜；等到他使用人的时候，便会百般挑剔，求全责备。"

13.26 子曰："君子泰而不骄，小人骄而不泰①。"

【注释】 ①泰、骄："泰"和"骄"是同义词，且都是贬义。"泰""骄"的共同特点是看上去自高自大，严厉不好接近。"泰"是矜持自负之意。"骄"则不但自大，还盛气凌人，且显摆自己。此章实辨明君子的缺点和小人的做派是有本质区别的。详见北大出版社《论语新注新译》这一章的《考证》。

【译文】　孔子说："君子自负，但不盛气凌人；小人盛气凌人，却并不自负。"

13.27 子曰："刚、毅、木、讷近仁。"

【译文】　孔子说："刚强、果断、质朴、说话谨慎，有这四种品德的人近于仁德。"

13.28 子路问曰："何如斯可谓之士矣？"子曰："切切偲偲[①]，怡怡如也[②]，可谓士矣。朋友切切偲偲，兄弟怡怡。"

【注释】　①切切偲偲：互相批评，共同促进；偲，音 sī。②怡怡：和顺貌。

【译文】　子路问道："怎么样才可以叫做'士'了呢？"孔子说："互相批评，和睦相处，就可以叫做'士'了。朋友之间，互相批评；兄弟之间，和睦相处。"

13.29 子曰："善人教民七年[①]，亦可以即戎矣[②]。"

【注释】　①七年：约数，好几年。②即戎：即，就，往；戎，兵戎。

【译文】　孔子说："善人教导人民七八年，也能够叫他们作战了。"

13.30 子曰："以不教民战[①]，是谓弃之。"

【注释】　①不教民：即"不教之民"。

【译文】　孔子说："用未经训练的人民去作战，这等于糟踏生命。"

宪问篇第十四

共四十四章

14.1 宪问耻。子曰："邦有道，穀；邦无道，穀，耻也。"①

"克、伐、怨、欲不行焉，可以为仁矣？"子曰："可以为难矣，仁则吾不知也。"

【注释】 ①这一段应与 8.13 对照看。

【译文】 原宪问何为耻辱。孔子说："国家政治清明，就做官拿薪水；国家政治黑暗，还做官拿薪水，这就是耻辱。"

原宪又说："好胜、自夸、怨恨和贪心都不曾表现过，这可以算具有仁德了吗？"孔子说："可以算是难能可贵了，有没有仁德，我可不知道。"

14.2 子曰：“士而怀居①，不足以为士矣。”

【注释】 ①怀居：怀，留恋；居，安居。

【译文】 孔子说：“作为一个读书人，却贪图安逸，真不配做读书人了。”

14.3 子曰：“邦有道，危言危行①；邦无道，危行言孙②。”

【注释】 ①危：正也。②孙：同“逊”。

【译文】 孔子说：“政治清明，言语正直，行为正直；政治黑暗，行为正直，言语谦逊。”

14.4 子曰：“有德者必有言，有言者不必有德。仁者必有勇，勇者不必有仁。”

【译文】 孔子说：“有德者定有至理名言，但有名言者却不一定有德。仁人定有大勇，但有大勇者却不一定仁。”

14.5 南宫适问于孔子曰①：“羿善射②，奡荡舟③，俱不得其死然。禹、稷躬稼而有天下。”夫子不答。

南宫适出，子曰：“君子哉若人！尚德哉若人！”

【注释】 ①南宫适：孔子学生南容。适，音 kuò。②羿：音 yì，夏代有穷国君主，射箭能手。③奡：音 ào，夏代寒浞的儿子，字又作“浇”。

【译文】 南宫适向孔子问道：“羿擅长射箭，奡擅长水战，都没有得到好死。禹和稷自己下地种田，却得到了天下。（怎样理解这些历史？）”孔子没有答复。

南宫适退出去后，孔子说：“这个人，好一个君子！这个人，多么崇尚道德!”

14.6 子曰：“君子而不仁者有矣夫，未有小人而仁者也[①]。”

【注释】 ①这里的君子、小人是指在位者和老百姓。

【译文】 孔子说：“作为一个君子却不仁的，是有的吧？从来没有是个小人却有仁德的。”

14.7 子曰：“爱之，能勿劳乎？忠焉[①]，能勿诲乎？”

【注释】 ①忠焉：孔子时代，“忠”可以指对朋友，甚至对晚辈的负责。

【译文】 孔子说：“爱他，能不磨砺他吗？忠于他，能不教诲他吗？”

14.8 子曰：“为命[①]，裨谌草创之[②]，世叔讨论之[③]，行人子羽修饰之[④]，东里子产润色之[⑤]。”

【注释】 ①为命：据《左传》，这里的“命”为外交辞令。②裨谌：音 pí chén，郑国大夫。③世叔讨论之：世叔，即《左传》的子太叔（古“太”与“世”通），名游吉；讨论，一个人研究而后提意见。④行人子羽：行人，古代外交官；子羽，公孙挥的字。⑤东里：地名，在今郑州市，子产所居。

【译文】 孔子说：“郑国外交辞令的撰写过程，由裨谌打草稿，世叔提意见，外交官子羽修改，东里的子产作文辞上的加工。”

14.9 或问子产。子曰：“惠人也。”

问子西[①]。曰：“彼哉！彼哉[②]！”

问管仲。曰：“人也。夺伯氏骈邑三百[③]，饭疏食，没齿无怨言[④]。”

【注释】 ①子西：子产的兄弟公孙夏。②彼哉，彼哉：当时表示轻蔑的惯用语；彼，指示代词，那，那人。③伯氏骈邑：伯氏，齐国大夫；骈邑，地名，在山东临朐的柳山寨。④齿：人的寿命。

【译文】 有人向孔子问子产是怎样的人物。孔子说：“他是宽厚慈惠的人。”

又问到子西。孔子说：“那个人哪，那个人哪！”

又问到管仲。孔子说：“他是个人才。剥夺了伯氏骈邑三百户的封地，使他只能吃粗粮，却到死也没有怨言。”

14.10 子曰：“贫而无怨难，富而无骄易。”

【译文】 孔子说：“贫穷却没有怨恨，很难；富贵却不骄傲，倒容易做到。”

14.11 子曰：“孟公绰为赵魏老则优[①]，不可以为滕薛大夫[②]。”

【注释】 ①孟公绰为赵魏老则优：孟公绰，鲁国大夫；老，大夫的家臣；优，优裕，优游。②滕、薛：鲁国附近的小国。

【译文】 孔子说：“孟公绰，让他做晋国卿大夫赵氏、魏氏的家臣，是能胜任愉快的，但没有能力做滕、薛这类小国的大夫。”

14.12 子路问成人。子曰：“若臧武仲之知[①]，公绰之不欲，卞庄子之勇[②]，冉求之艺，文之以礼乐，亦可以为成人矣。”曰：“今之成人者何必然？见利思义，见危授命，久要不忘平生之言[③]，亦可以为成人矣。”

【注释】 ①臧武仲：鲁国大夫臧孙纥。他很聪明，能预见齐庄公被杀而设法辞去庄公给他的田。②卞庄子：鲁国的勇士。③要：通“约”，穷困。

【译文】 子路问怎样才是全人。孔子说：“智慧像臧武仲，清心寡欲像孟公绰，勇敢像卞庄子，多才多艺像冉求，再用礼乐来成就他的文采，也可以说是全人了。”等了一会，又说：“现在的全人哪里一定要这样？看见利益能想起该不该得，遇到危险肯付出生命，经过长久的穷困日子都不忘记平日的诺言，也可以说是全人了。”

14.13 子问公叔文子于公明贾曰[①]：“信乎，夫子不言，不笑，不取乎？”

公明贾对曰：“以告者过也[②]。夫子时然后言，人不厌其言；乐然后笑，人不厌其笑；义然后取，人不厌其取。”子曰：“其然？岂其然乎？”

【注释】 ①子问公叔文子于公明贾：公叔文子，卫国大夫；公明贾，卫人；贾，音 jiǎ。②以告者过也：这是由于传话者的错误所致。有些注本说这一“以”读作“此”，不确。这是一个判断句（上古判断句如：陈胜，阳城人也。现代汉语判断句如：陈胜是阳城人），只是判断句的主语没有说出来罢了。详见北大出版社《论语新注新译》这一章的《考证》。

【译文】 孔子向公明贾问到公叔文子，说：“他老人家不说话，不笑，不取，是真的吗？”

公明贾答道：“是由于传话的人说错了。他老人家到该说话的时候才说话，别人便不讨厌他的话；快乐了才笑，别人便不讨厌他的笑；应该取才取，别人便不讨厌他的取。”孔子说：“如此吗？真的如此吗？”

14.14 子曰："臧武仲以防求为后于鲁[①]，虽曰不要君[②]，吾不信也。"

【注释】 ①臧武仲以防求为后于鲁：此事见《左传》襄公二十三年；防，臧武仲的封地，离齐国很近。②要：音 yāo，要挟。

【译文】 孔子说："臧武仲（逃到齐国之前，）凭借着他的封地防城请求立其子弟继他为鲁国卿大夫，虽然有人说他不是要挟国君，但我是不相信的。"

14.15 子曰："晋文公谲而不正，齐桓公正而不谲[①]。"

【注释】 ①晋文公谲而不正，齐桓公正而不谲：晋文公，名重耳；齐桓公，名小白。他俩是春秋五霸中最有名声的两个霸主。谲，音 jué，欺诈，玩弄权术阴谋。

【译文】 孔子说："晋文公好欺诈而不正派，齐桓公正派而不好欺诈。"

14.16 子路曰："桓公杀公子纠，召忽死之，管仲不死[①]。"曰："未仁乎？"子曰："桓公九合诸侯[②]，不以兵车，管仲之力也。如其仁[③]！如其仁！"

【注释】 ①管仲不死：小白和公子纠都是齐襄公的弟弟。襄公无道，小白便由鲍叔牙侍奉逃到莒(jǔ)国，公子纠也由管仲和召忽侍奉逃往鲁国。后襄公被杀，小白先入齐国为君，是为桓公。兴兵伐鲁，逼鲁杀公子纠，召忽自杀以殉，管仲却做了桓公的宰相。②九合：齐桓公纠合诸侯共十一次，"九"是虚数。③如其仁：合于"仁"，符合"仁"。详见北大出版社《论语新注新译》这一章的《考证》。

【译文】 子路说："齐桓公杀了公子纠，（公子纠的师傅）召忽因此自杀，（但是他的另一师傅）管仲却活着。”接着又说：“管仲怕是不仁吧？”孔子说：“齐桓公多次主持诸侯间的盟会，消弭了战祸，这都是管仲的力量。（他这样做，）符合仁德啊，符合仁德！”

14.17 子贡曰：“管仲非仁者与？桓公杀公子纠，不能死，又相之。”子曰：“管仲相桓公，霸诸侯，一匡天下，民到于今受其赐。微管仲[①]，吾其被发左衽矣[②]。岂若匹夫匹妇之为谅也[③]，自经于沟渎而莫之知也[④]？”

【注释】 ①微：非，没有。②被：同“披”。③谅：小信，无原则地守信。④自经于沟渎：自经，自尽；渎，音 dú，沟。

【译文】 子贡说：“管仲该不是仁人吧，桓公杀了公子纠，他不但不能以身殉难，还去辅相他。”孔子说：“管仲辅相桓公，称霸诸侯，使天下一切都得以匡正，人民到今天还感受到他的好处。如果没有管仲，我们都会披散着头发，衣襟向左边开着，（沦落为夷狄了。）他难道要像普通老百姓一样守着小节小信，在山沟里自杀，死了还没人知道吗？”

14.18 公叔文子之臣大夫僎与文子同升诸公[①]。子闻之，曰：“可以为‘文’矣。”

【注释】 ①诸：用法约同“于”。

【译文】 公叔文子的家臣大夫僎，（由于文子的推荐）和文子一道做了国家的大臣。孔子知道这事，便说：“这便可以谥为‘文’了。”

14.19 子言卫灵公之无道也，康子曰：“夫如是，奚而不丧[①]？”孔子曰：“仲叔圉治宾客[②]，祝鮀治宗庙，王孙贾治军旅。夫如是，奚其丧？”

【注释】　①奚：为什么。俞樾说"奚而"即"奚为"，不确。详见北大出版社《论语新注新译》这一章的《考证》。②仲叔圉（yǔ）：即孔文子，卫国大夫。

【译文】　孔子讲到卫灵公的昏乱，康子说："既然这样，到底为什么不败亡？"孔子说："他有仲叔圉接待宾客，祝鮀管理祭祀，王孙贾统率军队，像这样，怎么会败亡？"

14.20 子曰："其言之不怍[①]，则为之也难。"

【注释】　①怍：音zuò，惭愧。

【译文】　孔子说："那个人大言不惭，他实行就不容易。"

14.21 陈成子弑简公[①]。孔子沐浴而朝[②]，告于哀公曰："陈恒弑其君，请讨之。"公曰："告夫三子！"

孔子曰[③]："以吾从大夫之后，不敢不告也。君曰'告夫三子'者！"

之三子告，不可。孔子曰："以吾从大夫之后，不敢不告也。"

【注释】　①陈成子弑简公：陈成子，就是陈恒；简公，齐简公，名壬。②沐浴而朝：这时孔子已告老还家，特为这事来朝见鲁君。③孔子曰：这是孔子退朝后的话。

【译文】　陈恒杀了齐简公。孔子斋戒沐浴后朝见鲁哀公，报告道："陈恒杀了他的君主，请你出兵讨伐他。"哀公说："你向季孙、仲孙、孟孙那三个人去报告吧！"

孔子（退了出来，）说："因为我曾忝为大夫，不敢不来报告，但是君上却对我说，'给那三个人报告吧'！"

孔子又去报告三位大臣，不肯出兵。孔子说：“因为我曾为大夫，不敢不报告。”

14.22 子路问事君。子曰：“勿欺也，而犯之。”

【译文】 子路问怎样服事人君。孔子说：“不要（阳奉阴违地）欺骗他，却可以（当面）触犯他。”

14.23 子曰：“君子上达，小人下达。”

【译文】 孔子说：“君子通达于仁义，小人通达于财利。”

14.24 子曰：“古之学者为己，今之学者为人。”

【译文】 孔子说：“古代学者是为了提高自己的道德文章做学问，现代学者做学问却是为了装门面给人家看。”

14.25 蘧伯玉使人于孔子①。孔子与之坐而问焉②，曰：“夫子何为？”对曰：“夫子欲寡其过而未能也③。”

使者出。子曰：“使乎！使乎！”

【注释】 ①蘧伯玉：卫国大夫，名瑗。孔子曾住他家。②孔子与之坐：孔子和他一道坐下。与，介词，不是动词。如果是动词，就是“孔子给他座位”。因为从先秦“与……坐”的文例看，“坐”是谓语动词，不是意为“座位”的名词。详见北大出版社《论语新注新译》这一章的《考证》。③夫子欲寡其过而未能也：《淮南子·原道》：“蘧伯玉年五十而知四十九年非。”

【译文】 蘧伯玉派一位使者访问孔子。孔子和他一道坐下，而后问道：“他老人家干些什么？”使者答道：“他老人家想减少过错却还没能做到。”

使者出去后，孔子说：“好一位使者！好一位使者！”

14.26 子曰：“不在其位，不谋其政[①]。”

曾子曰：“君子思不出其位。”

【注释】 ①这段话又见《泰伯篇》。

【译文】 孔子说：“不居于那个职位，便不考虑它的政务。”曾子说：“君子所思虑的不超出自己的工作岗位。”

14.27 子曰：“君子耻其言而过其行。”

【译文】 孔子说：“说得多，做得少，君子以为耻。”

14.28 子曰：“君子说者三，我无能焉：仁者不忧，知者不惑，勇者不惧。”子贡曰：“夫子自道也。”

【译文】 孔子说：“君子所行的三件事，我一件也没能做到：仁德的人不忧虑，聪明的人不迷惑，勇敢的人不畏惧。”子贡说：“他老人家所刻画的正是他自己呀！”

14.29 子贡方人[①]。子曰：“赐也贤乎哉？夫我则不暇。”

【注释】 ①方：谤，诽谤。

【译文】 子贡讥评别人。孔子对他道：“你就够好了吗？我却没有这闲工夫。”

14.30 子曰：“不患人之不己知，患其不能也。”

【译文】 孔子说：“不着急别人不了解我，只着急自己没有能力。”

14.31 子曰："不逆诈，不臆不信，抑亦先觉者，是贤乎！"

【译文】 孔子说："不预先怀疑别人的欺诈，也不无根据地猜测别人的不老实，却能及早发觉，这样的人是一位贤者吧！"

14.32 微生亩谓孔子曰："丘何为是栖栖者与[1]？无乃为佞乎？"孔子曰："非敢为佞也，疾固也。"

【注释】 ①是：如此，这样。

【译文】 微生亩对孔子说："你为什么要这样忙忙碌碌呢？难道是要逞你的口才吗？"孔子说："我不是敢逞口才，而是讨厌那种顽固不化的人。"

14.33 子曰："骥不称其力，称其德也。"

【译文】 孔子说："称千里马为'骥'，不是称赞它的力气，而是称赞它的品质。"

14.34 或曰："以德报怨[1]，何如？"子曰："何以报德？以直报怨，以德报德。"

【注释】 ①以德报怨：当时的成语。

【译文】 有人对孔子说："拿恩惠来报答怨恨，怎么样？"孔子说："那又拿什么来报答恩惠呢？应该拿公平正直来报答怨恨，拿恩惠来报答恩惠。"

14.35 子曰："莫我知也夫！"子贡曰："何为其莫知子也？"子曰："不怨天，不尤人，下学而上达，知我者其天乎！"

【译文】 孔子叹道："怕是没有人了解我了吧！"子贡说："为什么没

有人了解您呢？”孔子说：“不怨恨天，不责备人，学习一些平常的知识，却透彻了解很高的道理。了解我的，只有天吧！”

14.36 公伯寮愬子路于季孙[①]。子服景伯以告[②]，曰：“夫子固有惑志；于公伯寮，吾力犹能肆诸市朝[③]。”

子曰：“道之将行也与，命也；道之将废也与，命也。公伯寮其如命何？”

【注释】 ①公伯寮愬子路：公伯寮，《史记》作“公伯僚”，字子周；愬，同“诉”。②子服景伯：鲁大夫，名何。③夫子固有惑志……肆诸市朝：他老人家固然有糊涂想法，但对于公伯寮，我的力量还能把他的尸首在街头示众。惑志，糊涂的想法。肆，陈尸示众；诸，之于；市朝，集市和朝廷。现在有好些《论语》注本，这段话是下面这样标点的：“夫子固有惑志于公伯寮，吾力犹能肆诸市朝。”在北大出版社《论语新注新译》这一章的《考证》中，我们从好些方面证明当断为“夫子固有惑志；于公伯寮，吾力犹能肆诸市朝”，而非“夫子固有惑志于公伯寮，吾力犹能肆诸市朝”，证据确凿，绝无可疑。论证过程较为复杂，此不赘引。详见《论语新注新译》这一章的《考证》。

【译文】 公伯寮在季孙那里污蔑子路。子服景伯告诉孔子，并且说：“他老人家固然有些糊涂想法；但对于公伯寮，我的力量还足以将他的尸首示众街头。”

孔子说：“我的主张将实现吗，全听凭命运哪；我的主张将永不实现吗，也听凭命运哪。公伯寮能奈何我的命运吗？”

14.37 子曰：“贤者辟世[①]，其次辟地，其次辟色，其次辟言。”

子曰："作者七人矣。"

【注释】 ①辟："避"的古字。

【译文】 孔子说："有些贤者逃避乱世而隐居，次一等的择地而处，再次一等的避免不好的脸色，再次一等的躲避恶言。"

孔子又说："这样的人出现过七位了。"

14.38 子路宿于石门[①]。晨门曰："奚自？"子路曰："自孔氏。"曰："是知其不可而为之者与？"

【注释】 ①石门：鲁都曲阜城门。

【译文】 子路在石门住了一晚，(第二天清早进城，) 司门者道："从哪里来？"子路说："从孔家来。"司门者道："就是那个知道做不到却偏要去做的人吗？"

14.39 子击磬于卫，有荷蒉而过孔氏之门者，曰："有心哉，击磬乎！"既而曰："鄙哉，硁硁乎！莫己知也，斯己而已矣。深则厉，浅则揭[①]。"

子曰："果哉！末之难矣。"

【注释】 ①深厉浅揭：这两句诗见《诗经·邶风·匏有苦叶》。水深比喻社会黑暗，只得听之任之；水浅比喻社会黑暗程度不深，便无妨撩起衣裳，免得浸湿。

【译文】 孔子在卫国，一天正敲着磬，有一个挑着草筐子的人恰在孔家门前走过，这人说道："有深意的啊，这个敲磬！"等一会又说道："磬声铿铿的，可鄙呀！(它好像在说，没有人了解我啊！) 没人了解自己，就自己相信自己好了。水深，索性连衣裳走过去；水浅，无妨撩起衣裳走过去。"

孔子说："好坚决！没有办法说服他了。"

14.40 子张曰："《书》云：'高宗谅阴[①]，三年不言。'何谓也？"子曰："何必高宗，古之人皆然。君薨，百官总己以听于冢宰三年。"

【注释】 ①谅阴：居丧时所住的房子，又叫"凶庐"。所引两句见《尚书·无逸》。

【译文】 子张说："《尚书》说：'殷高宗守孝，住在凶庐，三年不言语。'这是什么意思？"孔子说："不仅仅高宗，古人都是这样：国君死了，（新君三年不问政事，）所有官员这三年都约束自己听命于宰相。"

14.41 子曰："上好礼，则民易使也。"

【译文】 孔子说："在上位的人若遇事依礼而行，就容易使百姓听从指挥。"

14.42 子路问君子。子曰："修己以敬。"

曰："如斯而已乎？"曰："修己以安人[①]。"

曰："如斯而已乎？"曰："修己以安百姓。修己以安百姓，尧舜其犹病诸？"

【注释】 ①人：别人，他人。赵纪彬《论语新探》说《论语》中的"人"指奴隶主，"民"指奴隶。杨伯峻先生《论语译注》受其影响，说"修己以安人"的"人"指"上层人物"。我们已在《也谈〈论语〉中的"人"与"民"》一文中详证赵说之误，指出"人"指个体的人，"民"指群体的人；"人"也指别人、他人。详见北大出版社《论语新注新译》书末《附录》之《也谈〈论语〉中的"人"与"民"》。

【译文】 子路问怎样做君子。孔子说："通过修养自己，来严肃认真对待一切。"

子路说："这样就行了吗？"孔子说："修养自己来安定别人。"

子路说："这样就行了吗？"孔子说："修养自己来安定众人。修养自己来安定众人，尧舜还为此大伤脑筋呢！"

14.43 原壤夷俟[①]。子曰："幼而不孙弟[②]，长而无述焉，老而不死，是为贼。"以杖叩其胫。

【注释】 ①原壤夷俟：原壤，孔子的老朋友，他母亲死的时候，孔子去帮助他治丧，他却站在棺材上唱起歌来。夷，箕踞，张开腿坐在地上。俟，等待。②孙弟：同"逊悌"。

【译文】 原壤两腿像八字一样张开坐在地上，等着孔子。孔子骂道："你小时候不懂礼节，长大了没什么值得一说的成绩，老了还白吃粮食，真是个害人精。"说完，用拐杖敲了敲他的小腿。

14.44 阙党童子将命[①]。或问之曰："益者与？"子曰："吾见其居于位也[②]，见其与先生并行也[③]。非求益者也，欲速成者也。"

【注释】 ①阙党：孔子故里。②吾见其居于位：《礼记》："童子无事则立主人之北，南面。"可见"居于位"是不合当时礼节的。③见其与先生并行：春秋时礼节，童子不能和成人并行。

【译文】 阙党的一个童子来向孔子传达信息。有人问孔子说："这小孩是肯求上进的人吗？"孔子说："我看见他（大模大样地）坐在位子上，又看见他和长辈并肩而行。这不是个肯求上进的人，只是一个急于求成的人。"

卫灵公篇第十五

共四十二章

15.1 卫灵公问陈于孔子[①]。孔子对曰："俎豆之事，[②]则尝闻之矣；军旅之事，未之学也。"明日遂行。

【注释】 ①陈：就是现在的"阵"字。②俎豆之事：礼仪之事；俎豆，古代祭器。

【译文】 卫灵公问孔子军队如何布阵。孔子答道："礼仪的事情，我曾经听到过；军队的事情，却从没学过。"第二天便离开了卫国。

15.2 在陈绝粮，从者病，莫能兴。子路愠见，曰："君子亦有穷乎？"子曰："君子固穷，[①]小人穷，斯滥矣。"

【注释】　①固穷：固然有穷愁潦倒的时候。有的《论语》注本说"固穷"是"固守其穷""坚守着贫困"，不确。《论语》时代，"固"作谓语时多表示"（使）巩固"，未见"固守"用例，也不带"穷"这类表示抽象意义的宾语；但作副词表"固然"者则极为常见。详见北大出版社《论语新注新译》这一章的《考证》（一）。

【译文】　孔子在陈国断绝了粮食供应，跟随的人都饿病了，爬不起来。子路拉长了脸来见孔子，说："难道君子也有一筹莫展的时候吗？"孔子说："君子固然有行不通的时候；不过小人行不通的时候，就无所不为了。"

15.3 子曰："赐也，女以予为多学而识之者与？"对曰："然，非与？"曰："非也，予一以贯之[①]。"

【注释】　①一以贯之：这和《里仁篇》"夫子之道，忠恕而已矣"的"一贯"相同。子贡他们所重视的，是孔子的博学多才，而孔子自己所重视的，则在于他的以忠恕之道贯穿于其整个学行之中。

【译文】　孔子说："赐呀，你以为我是学得多又记得住的人吗？"子贡答道："对啊，难道不是这样的吗？"孔子说："不是的，我有一个基本观念来贯穿它。"

15.4 子曰："由！知德者鲜矣。"

【译文】　孔子对子路说："由！懂得'德'的人可少啦。"

15.5 子曰："无为而治者其舜也与？夫何为哉？恭己正南面而已矣。"

【译文】　孔子说："自己从容安静而使天下太平的大概只有舜吧？他干了什么呢？庄严端正地坐朝廷罢了。"

15.6 子张问行。子曰："言忠信，行笃敬，虽蛮貊之邦，行矣。言不忠信，行不笃敬，虽州里，行乎哉？立则见其参于前也[①]，在舆则见其倚于衡也，夫然后行。"子张书诸绅[②]。

【注释】 ①参于前：仿佛看见"言忠信，行笃敬"两句话在自己前边与自己并列而三。参，同"叁"。详见北大出版社《论语新注新译》这一章的《考证》。②绅：古代士大夫束在腰上的大带子。

【译文】 子张问怎样才能行得通。孔子说："言语忠诚老实，行为忠厚严肃，即使到蛮貊的国度，也行得通。言语不忠诚老实，行为不忠厚严肃，即使在本乡本土，能行得通吗？站立时，看见'忠诚老实忠厚严肃'几个字在面前晃着；在车里，看见它刻在前面的横木上；那样才能到处行得通。"子张把这些话写在大带上。

15.7 子曰："直哉史鱼[①]！邦有道，如矢；邦无道，如矢。君子哉蘧伯玉！邦有道，则仕；邦无道，则可卷而怀之。"

【注释】 ①史鱼：卫国大夫史鳍，字子鱼。他临死时嘱咐儿子不要"治丧正室"，以此劝告卫灵公进用蘧伯玉，斥退弥子瑕，古人称之为"尸谏"。

【译文】 孔子说："好一个刚直不阿的史鱼！政治清明，他像箭一般直；政治黑暗，他也像箭一般直。好一个君子蘧伯玉！政治清明就出来做官，政治黑暗就把自己的本领收藏起来。"

15.8 子曰："可与言而不与之言，失人；不可与言而与之言，失言[①]。知者不失人，亦不失言。"

【注释】 ①失言：说错话。《论语》时代的"失言"，都是说错话的意思，书证很多。详见北大出版社《论语新注新译》这一章的《考证》。

【译文】 孔子说："可以同他谈而不同他谈，这是错过人才；不可同他谈却同他谈，这是浪费言语。聪明人既不错过人才，也不说错话语。"

15.9 子曰："志士仁人，无求生以害仁，有杀身以成仁。"

【译文】 孔子说："志士仁人，不贪生怕死因而损害仁德，只勇于牺牲生命来成全仁德。"

15.10 子贡问为仁。子曰："工欲善其事，必先利其器。居是邦也，事其大夫之贤者，友其士之仁者[①]。"

【注释】 ①士：有时指有一定修养的人，如"士志于道"（4.9）；这里指有一定社会地位的人。

【译文】 子贡问如何成就仁德。孔子说："工匠要把事情干好，一定先要完善他的工具。我们住在这个国家，就要敬奉那些大臣中的贤人，结交那些士人中的仁人。"

15.11 颜渊问为邦。子曰："行夏之时[①]，乘殷之辂[②]，服周之冕[③]，乐则《韶》《舞》[④]。放郑声，远佞人。郑声淫，佞人殆。"

【注释】 ①行夏之时：夏朝用自然历（相当于今之农历），较合乎自然现象。②辂：音lù，商代的车子，较为质朴。③服周之冕：周代礼帽比较华美，孔子是赞同礼服华美的。④《韶》《舞》：《韶》是舜时的音乐；《舞》同《武》，是周武王时的乐曲。

【译文】 颜渊问如何治理国家。孔子说："用夏朝的历法，坐殷朝的车子，戴周朝的礼帽，音乐就用《韶》和《武》。放弃郑国的乐曲，斥退小人。郑国的乐曲淫秽，小人危险。”

15.12 子曰：“人无远虑，必有近忧。”

【译文】　孔子说：“一个人没有长远的考虑，一定会有眼前的忧患。”

15.13 子曰：“已矣乎！吾未见好德如好色者也[①]。”

【注释】　①可参9.18。

【译文】　孔子说：“完了吧，我还从没见过喜欢美德如同喜欢美貌一样的呢！”

15.14 子曰：“臧文仲其窃位者与[①]！知柳下惠之贤而不与立也[②]。”

【注释】　①臧文仲：鲁国大夫臧孙辰。可参《公冶长篇》“臧文仲居蔡”章。②知柳下惠之贤而不与立：柳下惠，鲁国贤者，本名展获，字禽，又名展季；不与立，不与他做盟友，也即不与之并立于朝。详见北大出版社《论语新注新译》这一章的《考证》。

【译文】　孔子说：“臧文仲大概是个做官不管事的人，他明知柳下惠贤良，却不给他官位。”

15.15 子曰：“躬自厚而薄责于人[①]，则远怨矣。”

【注释】　①躬自厚：即“躬自厚责”，责字探下而省，严于律己的意思。

【译文】　孔子说：“多责备自己而少责备别人，便不会招致怨恨了。”

15.16 子曰：“不曰‘如之何，如之何’者，吾末如之何也已矣。”

【译文】　孔子说：“（一个人）不想想‘怎么办，怎么办’的，对这种人，我也不知道怎么办了。”

15.17 子曰：“群居终日，言不及义，好行小慧，难矣哉！”

【译文】　孔子说：“一帮人整天混在一块，说的又毫不涉及道义，只喜欢卖弄小聪明，这些人难有所成啊！”

15.18 子曰：“君子义以为质，礼以行之，孙以出之①，信以成之。君子哉！”

【注释】　①孙以出之：孙，同“逊”；出，出言，讲话。

【译文】　孔子说：“君子（对于事业），以道义为原则，依礼节实行它，用谦逊的言语说出它，用诚实的态度完成它。这才是真君子呀！”

15.19 子曰：“君子病无能焉，不病人之不己知也。”

【译文】　孔子说：“君子只惭愧自己没有能力，不怨恨别人不了解自己。”

15.20 子曰：“君子疾没世而名不称焉。”

【译文】　孔子说：“君子深感遗憾的是到死而名字不被人家称道。”

15.21 子曰：“君子求诸己，小人求诸人。”

【译文】　孔子说：“君子要求自己，小人要求别人。”

15.22 子曰：“君子矜而不争，群而不党。”

【译文】　孔子说："君子庄矜而不争执，合群而不闹宗派。"

15.23 子曰："君子不以言举人，不以人废言。"

【译文】　孔子说："君子不因某人一句话（说得好）便提拔他，也不因某人是坏人而鄙弃他的好话。"

15.24 子贡问曰："有一言而可以终身行之者乎？"子曰："其恕乎！己所不欲，勿施于人。"

【译文】　子贡问道："有没有仅仅一个字就可以终身奉行的呢？"孔子说："大概是'恕'吧！自己所不想要的任何事物，都不要加给别人。"

15.25 子曰："吾之于人也，谁毁谁誉？如有所誉者，其有所试矣。斯民也，三代之所以直道而行也。"

【译文】　孔子说："我对于别人，诋毁了谁，称赞了谁？假如我对他有所称赞，一定是考验过他的。夏、商、周三代的人都是这样做的，所以那时能直道而行。"

15.26 子曰："吾犹及史之阙文也，有马者借人乘之。今亡矣夫①。"

【注释】　①吾犹及……今亡矣夫：何晏《集解》引包咸说："古之良史于书字有疑，则阙之以待知者也；有马不能调良，则借人乘习之。孔子自谓及见其人如此，至今无有矣。""吾犹及史之阙文也，有马者借人乘之"可以理解为"吾犹及史之阙文也，史之阙文，如有马者借人乘之"。参见杨树达先生《古书疑义举例续补·省句例》（载《古书疑义举例五种》，中华书局 1956 年）及 8.17 注①。

【译文】　孔子说："我还能够看到史书中有存疑以待后人的地方，如同有马自己不会调教而先借给别人使用一样。今天恐怕没人这样做了吧！"

15.27 子曰："巧言乱德。小不忍[1]，则乱大谋。"

【注释】　①忍：忍心；从《论语》《左传》时代到战国末年，"不忍"不带宾语时，都是"不忍心"的意思。盖谓对巧言乱德之人稍有仁慈，则足以败坏大事。详见北大出版社《论语新注新译》这一章的《考证》。

【译文】　孔子说："花言巧语足以败坏道德。小小的不忍心，便会败坏大事情。"

15.28 子曰："众恶之，必察焉；众好之，必察焉[1]。"

【注释】　①此章当与13.24共读。

【译文】　孔子说："大家厌恶他，一定要去考察；大家喜爱他，也一定要去考察。"

15.29 子曰："人能弘道，非道弘人。"

【译文】　孔子说："人能够把道发扬光大，而不是用道来光大人。"

15.30 子曰："过而不改，是谓过矣。"

【译文】　孔子说："有错误而不改正，这本身就是一个错误！"

15.31 子曰："吾尝终日不食，终夜不寝，以思，无益，不如学也。"

【译文】　孔子说："我曾经整天不吃，整夜不睡，去想，没有益处，不如去学习。”

15.32 子曰：“君子谋道不谋食。耕也，馁在其中矣；学也，禄在其中矣。君子忧道不忧贫[①]。”

【注释】 ①这一章可与13.4结合着看。

【译文】 孔子说：“君子用心力于学术，不用心力于衣食。耕田，也常常饿肚皮；学习，却常得到俸禄。君子只着急得不到道，不着急得不到财。”

15.33 子曰：“知及之，仁不能守之，虽得之，必失之。知及之，仁能守之，不庄以莅之[①]，则民不敬。知及之，仁能守之，庄以莅之，动之不以礼，未善也。”

【注释】 ①莅：音lì，临近。

【译文】 孔子说：“聪明才智足以得到它，仁德不足以保持它，就是得到，也一定会丧失。聪明才智足以得到它，仁德足以保持它，不用严肃态度来治理百姓，百姓也不会认真（地生活和工作）。聪明才智足以得到它，仁德足以保持它，且能用严肃的态度来治理百姓，假如不合理合法地动员百姓，也不是尽善尽美的。”

15.34 子曰：“君子不可小知而可大受也，小人不可大受而可小知也。”

【译文】 孔子说：“君子不可以用小事情来考验他，却可以接受重大任务；小人不可以接受重大任务，却可以用小事情考验他。”

15.35 子曰：“民之于仁也，甚于水火[①]。水火，吾见蹈而死者矣，未见蹈仁而死者也。”

【注释】 ①甚于水火：这句话有歧义。何晏《集解》引马融说：“水火与仁皆民所仰而生者，仁最为甚。”杨伯峻先生《论语译注》从之，并译为：“百姓需要仁德，更急于需要水火。”但皇侃《义疏》引王弼说：“民之远于仁，甚于远水火也。”我们认同后者。因为，1.《论语》时代，“甚”作为动词，多为“过分”“严重”的意思。该词用作谓语时，通常用于描述一些不好的、恶劣的事物。2.《论语》时代的典籍中，“水火”通常代表可怕的、容易伤害人的事物。详见北大出版社《论语新注新译》这一章的《考证》。

【译文】 孔子说：“百姓害怕‘仁’，超过害怕水火。水火，我看见进去便死了的，却从没见过实践仁德而死的。”

15.36 子曰：“当仁，不让于师[①]。”

【注释】 ①当仁，不让于师：与孔子同一时代的古希腊哲人亚里士多德有言：“吾爱吾师，吾尤爱真理。”与此章相通。

【译文】 孔子说：“面临着仁德，就是老师，也不同他谦让。”

15.37 子曰：“君子贞而不谅。”

【译文】 孔子说：“君子讲大信，却不讲小信。”

15.38 子曰：“事君，敬其事而后其食。”

【译文】 孔子说：“对待君上，认真工作，把拿俸禄的事放在后面。”

15.39 子曰：“有教无类[①]。”

【注释】 ①有教无类：赵纪彬《论语新探》读“有教无类”为

“域教无类”，说：“总而言之，《论语》‘有教无类’的‘教’字，乃是奴隶主贵族对于所域之民施行的教化，发布的教令，以及军事技能的强制性教练。”实际上，“有……无……”乃是《论语》时代的语言中的常见句式，我们至今常说的“有备无患”即属这一句式；因此，“有教无类”当然是“不管人的类别，一律加以教育”的意思。详见北大出版社《论语新注新译》这一章的《考证》以及该书《附录》之《也谈〈论语〉中的“人”与“民”》。

【译文】　孔子说：“人人我都教育，没有（贫富、地域等）区别。”

15.40 子曰：“道不同，不相为谋。”

【译文】　孔子说：“主张不同，不互相商议。”

15.41 子曰：“辞达而已矣。”

【译文】　孔子说：“言辞，足以达意便行了。”

15.42 师冕见[①]，及阶，子曰：“阶也。”及席，子曰：“席也。”皆坐，子告之曰：“某在斯，某在斯。”

师冕出，子张问曰：“与师言之道与？”子曰：“然，固相师之道也。”

【注释】　①师冕：师，乐师，一般是盲人；冕，人名。

【译文】　师冕来见孔子，走到阶沿，孔子说：“这是阶沿啦。”走到座席边，孔子说：“这是座席啦。”都坐定了，孔子告诉他说：“某人在这里，某人在这里。”

师冕辞出后，子张问道：“这是同盲人讲话的方式吗？”孔子说：“对的，这本来是帮助盲人的方式。”

季氏篇第十六

共十四章

16.1 季氏将伐颛臾[①]。冉有、季路见于孔子曰："季氏将有事于颛臾[②]。"

孔子曰："求！无乃尔是过与[③]？夫颛臾，昔者先王以为东蒙主[④]，且在邦域之中矣，是社稷之臣也，何以伐为？"

冉有曰："夫子欲之，吾二臣者皆不欲也。"

孔子曰："求！周任有言曰[⑤]：'陈力就列，不能者止。'危而不持，颠而不扶，则将焉用彼相矣？且尔言过矣，虎兕出于柙，龟玉毁于椟中，是谁之过与？"

【注释】 ①颛臾：音 zhuān yú，鲁国的附庸国，在今山东费县西北。②有事：《左传》："国之大事，在祀与戎。"这"有事"即指用兵。从这一段到"而在萧墙之内也"为一章，今为阅读方便，分为二节。③尔是过："尔"是"过"的宾语，可理解为"过尔"，"责备你"的意思。④东蒙：即蒙山，在今山东蒙阴县南，接费县境。⑤周任：古代史官。

【译文】 季氏准备攻打颛臾。冉有、子路两人谒见孔子，说道："季氏要对颛臾下手了。"

孔子说："冉求！这难道不该责备你吗？那颛臾呢，先王曾经授权它主持东蒙山的祭祀，而且它早就在我们最初被封时的疆域之内，这正是我国安危与共的藩属，为什么要攻打它呢？"

冉有说："季孙要这么干，我们两人本来都是不同意的。"

孔子说："冉求！周任有句话说：'能够贡献自己的力量，再去任职；如果不行，就该辞职。'譬如瞎子遇到危险，不去扶持；将要摔倒，不去搀扶，又何必用那助手呢？况且你说得不对。老虎犀牛从笼里逃出来，龟壳美玉毁坏在匣子里，这是谁的责任呢？"

冉有曰："今夫颛臾，固而近于费[①]。今不取，后世必为子孙忧。"

孔子曰："求！君子疾夫舍曰欲之而必为之辞。丘也闻有国有家者，不患寡而患不均，不患贫而患不安。盖均无贫，和无寡，安无倾。夫如是，故远人不服，则修文德以来之。既来之，则安之。今由与求也，相夫子，远人不服，而不能来也；邦分崩离析，而不能守也；而谋动干戈于邦内。吾恐季孙之忧，不在颛臾，而在萧墙之内也[②]。"

【注释】 ①费：音 bì，鲁国季氏采邑，在今山东费县西南。②萧墙之内：萧墙，鲁君所用的屏风；萧墙之内，暗指鲁君。当时季孙把持鲁国朝政，怕鲁君起兵收回主权时，颛臾凭借有利地势帮忙，于是要先下手为强。

【译文】 冉有说："如今那颛臾呢，城墙牢固而且离季孙的采邑费城很近。如今不去占领它，日子久了，一定会给子孙留下祸害。"

孔子说："冉求！君子讨厌那种不说自己贪心却一定要找些说辞的态度。我听说过：有国家或有封地的人，不必担心衣食太少，只需担心不平均；不必担心贫困，只需担心不安定。财富平均，便无所谓贫穷；境内和谐，便不会觉得人少；境内平安，便不会倾危。这样的话，远方的人还不归服，便可修明仁义礼乐的政教来招致他们。他们来了，就得使他们安心。如今仲由和冉求两人辅相季孙，远方的人不归服，而不能招致；国家支离破碎，却不能保全；反而想在国境之内大动干戈。我恐怕季孙的忧愁不在颛臾，却在鲁君哪！"

16.2 孔子曰："天下有道，则礼乐征伐自天子出；天下无道，则礼乐征伐自诸侯出。自诸侯出，盖十世希不失矣；自大夫出，五世希不失矣；陪臣执国命，三世希不失矣[①]。天下有道，则政不在大夫。天下有道，则庶人不议。"

【注释】 ①孔子这段话可能是考察历史得出的结论。从齐桓公始，"礼乐征伐自诸侯出"，至简公为陈恒所杀，共历十代；鲁自季友专政，至季桓子为阳虎所执，共历五代；而季氏家臣南蒯、公山弗扰、阳虎之流都当身而败，不曾三世。愈近变动年代，权力再分配的斗争便愈加激烈。

【译文】 孔子说："天下太平，制礼作乐以及出兵都由天子决定；天下混乱，制礼作乐以及出兵便由诸侯决定了。由诸侯决定，大约传到十代还能维持的，就很少了；由大夫决定，传到五代还能维持的，就很少了；若是由大夫的家臣操纵国家命运，传到三代便很少还能维持。天下太平，国家的最高政治权力就不会由大夫掌握。天下太平，老百姓就不会议论纷纷。”

16.3 孔子曰：“禄之去公室五世矣，政逮于大夫四世矣，故夫三桓之子孙微矣①。”

【注释】 ①三桓：鲁国的三卿，仲孙（即孟孙）、叔孙、季孙都出于鲁桓公，故称“三桓”。

【译文】 孔子说：“国家政权离开了鲁君，已经五代了；政权到了大夫手里，已经四代了，所以那桓公的三房子孙现在也衰微了。”

16.4 孔子曰：“益者三友，损者三友。友直，友谅，友多闻，益矣。友便辟，友善柔，友便佞，损矣。”

【译文】 孔子说：“有益的朋友有三种，有害的朋友有三种。同正直的人交友，同信实的人交友，同见多识广的人交友，便有益了。同阿谀奉承的人交友，同口蜜腹剑的人交友，同夸夸其谈的人交友，便有害了。”

16.5 孔子曰：“益者三乐，损者三乐。乐节礼乐，乐道人之善，乐多贤友，益矣。乐骄乐，乐佚游，乐晏乐，损矣。”

【译文】 孔子说：“有益的快乐有三种，有害的快乐有三种。以得到礼乐的调节为乐，以宣扬别人的好处为乐，以交了不少有益的朋友为乐，就有益了。以骄傲为乐，以浪游不归为乐，以饮食荒淫为乐，就有害了。”

16.6 孔子曰：“侍于君子有三愆①：言未及之而言谓之躁，言及之而不言谓之隐，未见颜色而言谓之瞽。”

【注释】 ①愆：音 qiān，过失。

【译文】　孔子说：“陪着君子说话容易犯三种过失：没轮到他说话而说，叫做急躁；该说话了却不说，叫做隐瞒；不看看脸色便贸然开口，叫做瞎子。”

16.7 孔子曰：“君子有三戒：少之时，血气未定，戒之在色；及其壮也，血气方刚，戒之在斗；及其老也，血气既衰，戒之在得。”

【译文】　孔子说：“君子有三件事情应该警惕戒备：年轻时，血气未定，便要警戒，莫迷恋女色；到了壮年，血气正旺盛，便要警戒，莫好胜喜斗；等到年老了，血气已经衰弱，便要警戒，莫贪得无厌。”

16.8 孔子曰：“君子有三畏：畏天命，畏大人[①]，畏圣人之言。小人不知天命而不畏也，狎大人，侮圣人之言。”

【注释】　①大人：指在高位的人。

【译文】　孔子说：“君子有三怕：怕天命，怕王公大人，怕圣人的言语。小人不懂得天命，因而不怕它；轻视王公大人，轻侮圣人的言语。”

16.9 孔子曰：“生而知之者上也，学而知之者次也；困而学之，又其次也；困而不学，民斯为下矣。”

【译文】　孔子说：“生来就知道的是上等，学习然后知道的是次一等；遇到困难，才去学习，是再次一等；遇到困难也不学，老百姓就是这种最下等的了。”

16.10 孔子曰：“君子有九思：视思明，听思聪，色思温，貌思恭，言思忠，事思敬，疑思问，忿思难，见得思义。”

【译文】 孔子说："君子有九种考虑：看的时候，考虑是否看明白了；听的时候，考虑是否听清楚了；脸上的表情，考虑是否温和；举止容貌，考虑是否端庄；言语谈吐，考虑是否忠诚老实；工作态度，考虑是否严肃认真；遇到疑问，考虑如何向人请教；要生气了，考虑有什么后患；看见可得的，考虑自己是否该得。"

16.11 孔子曰："见善如不及，见不善如探汤，吾见其人矣，吾闻其语矣。隐居以求其志，行义以达其道，吾闻其语矣，未见其人也。"

【译文】 孔子说："看见善良，努力追求，好像赶不上似的；遇见邪恶，使劲避开，好像手快挨到沸水了，我见过这样的人，也听过这样的话。避世隐居以求保全他的意志，依义而行以求贯彻他的主张，我听过这样的话，却还没见过这样的人。"

16.12 齐景公有马千驷[①]，死之日，民无德而称焉[②]；伯夷叔齐饿于首阳之下，民到于今称之。其斯之谓与[③]？

【注释】 ①千驷：古代一般用四匹马驾一辆车，一驷就是四匹马。②德：感恩戴德。③其斯之谓与：从这一句和此章没有"子曰"来看，可能前面有阙文。

【译文】 齐景公有马四千匹，死了以后，老百姓没有哪个感戴称颂他；伯夷叔齐两人饿死在首阳山下，老百姓现在还称颂他们。大概就是说的这个吧！

16.13 陈亢问于伯鱼曰[①]："子亦有异闻乎？"

对曰："未也。尝独立，鲤趋而过庭。曰：'学诗乎？'对曰：

‘未也。’‘不学诗，无以言。’鲤退而学诗。他日，又独立，鲤趋而过庭。曰：‘学礼乎？’对曰：‘未也。’‘不学礼，无以立。’鲤退而学礼。闻斯二者。”

陈亢退而喜曰：“问一得三，闻诗，闻礼，又闻君子之远其子也。”

【注释】 ①陈亢：即陈子禽；亢，音 gāng。

【译文】 陈亢向孔子的儿子伯鱼问道：“您在老师那儿，也得到过与众不同的传授吗？”

答道：“没有。他曾经一个人站在庭中，我恭敬地走过。他问道：‘学诗没有？’我答：‘没有。’他便说：‘不学诗，便不会说话。’我退回便学诗。过了几天，他又一个人站在庭中，我又恭敬地走过。他问道：‘学礼没有？’我答：‘没有。’他便说：‘不学礼，便没法在社会上立足。’我退回便学礼。就听到这两件。”

陈亢回去非常高兴地说：“我问一件事，知道了三件事。知道诗，知道礼，又知道君子对儿子与学生一视同仁。”

16.14 邦君之妻，君称之曰夫人，夫人自称曰小童；邦人称之曰君夫人，称诸异邦曰寡小君；异邦人称之亦曰君夫人[①]。

【注释】 ①这章可能也是孔子所言，却遗落了“子曰”两字。

【译文】 国君的妻子，国君称她为夫人，她自称为小童；国内的人称她为君夫人，但对外国人便称她为寡小君；外国人称她为君夫人。

阳货篇第十七

共二十六章

17.1 阳货欲见孔子①，孔子不见，归孔子豚②。

孔子时其亡也，而往拜之，遇诸途。

谓孔子曰："来！予与尔言。"曰："怀其宝而迷其邦，可谓仁乎？"曰："不可！好从事而亟失时③，可谓知乎？"曰："不可！日月逝矣④，岁不我与。"

孔子曰："诺，吾将仕矣⑤。"

【注释】 ①阳货：即阳虎，季氏的家臣，此时他正权倾朝野，炙手可热。②归：通"馈"，赠送。③亟：音 qì，屡屡。④日月逝矣：太阳月亮升起又落下。《论语》时代的典籍中，"日月"一般都指太阳月亮，极少例外。详见北大出版社《论语新注新译》这一章的《考证》。⑤吾将仕矣：孔子于阳货当权时，并未出仕。

【译文】 阳货想要孔子来拜会他，孔子不去，他便派人送给孔子一个（蒸熟了的）小猪（，想让孔子到他家来道谢）。

孔子趁他不在家的时候，去拜谢，结果在归途上遇着了。

他对孔子叫道："来！我要和你说话。"（孔子走了过去。）他又说："怀有一身本领，却听任国事混乱不堪，这可以叫做仁爱吗？"（孔子不作声。）他又接着说："不可以！一个人喜欢做官，却屡屡错过机会，这可以叫做聪明吗？"（孔子仍不作声。）他又一次接着说："不可以！时光一去，就再不回来了啊！"

孔子这才说道："好吧，我打算做官了。"

17.2 子曰："性相近也，习相远也。"

【译文】 孔子说："各人的本性都相差不远，只因所受的影响不同，才拉开了距离。"

17.3 子曰："唯上知与下愚不移[①]。"

【注释】 ①此章当与16.9合看。

【译文】 孔子说："只有上等的智者和下等的愚人是改变不了的。"

17.4 子之武城，闻弦歌之声。夫子莞尔而笑[①]，曰："割鸡焉用牛刀？"

子游对曰："昔者偃也闻诸夫子曰：'君子学道则爱人，小人学道则易使也。'"

子曰："二三子！偃之言是也。前言戏之耳。"

【注释】　①莞尔：微笑貌；莞，音 wǎn。

【译文】　孔子到了（子游当县长的）武城，听到了弹琴瑟唱诗歌的声音。孔子微微一笑，说道："杀鸡，哪里用得着宰牛的刀？（治理这个小地方，用得着教育吗？）"

子游答道："以前我听老师说过，做官的学习了，就会有仁爱之心；老百姓学习了，就容易使唤。(可见教育总是有用的。)"

孔子说："同学们！言偃的话是对的。我刚才的话不过是和他开玩笑罢了。"

17.5 公山弗扰以费畔[①]，召，子欲往。

子路不说，曰："末之也已[②]，何必公山氏之之也[③]？"

子曰："夫召我者，而岂徒哉[④]？如有用我者，吾其为东周乎[⑤]？"

【注释】　①公山弗扰以费畔：公山弗扰，又名公山不狃（niǔ），字子泄，鲁国大夫季孙氏的家臣。畔，反叛。②末之也已：句式同 9.11"末由也已"；"也已"为复合语气词。武亿《经读考异》读作"末之也，已。"不可据。③何必公山氏之之也：即"何必之公山氏也"。第一"之"，用于复指宾语"公山氏"的代词，第二"之"，动词，往。④而岂徒哉：这句话说完整是"而岂徒召我哉"。⑤如有用我者，吾其为东周乎：这两句话有两解。据何晏《集解》说，是用疑问语气表示肯定，当直译为"我这儿大约就是东方之周吧？"据戴望、刘宝楠说，则是用反问表示否定，应直译为"我难道只是复兴一个东周吗？"我们赞同前说，因为先秦"其为……乎"句式都是用疑问语气表示肯定，表示"该会是……吧"。详见北大出版社《论语新注新译》这一章的《考证》。

【译文】　公山弗扰盘踞费邑准备造反，叫孔子去，孔子准备去。

子路很不高兴，说："没有地方去了吗？为什么一定要去公山氏那里呢？”

孔子说：“那个叫我去的人，难道是白白召我吗？假若有人用我，我大概会让周文王周武王之道在东方复兴吧？”

17.6 子张问仁于孔子。孔子曰：“能行五者于天下为仁矣。”

“请问之。”曰：“恭、宽、信、敏、惠。恭则不侮，宽则得众，信则人任焉，敏则有功，惠则足以使人。”

【译文】 子张向孔子问仁。孔子说：“能够处处实行五种品德，便是仁人了。”

子张说：“请问哪五种？”孔子说：“庄重、宽厚、诚实、勤敏、慈惠。庄重就不遭致侮辱，宽厚就能得到拥戴，诚实就被别人任用，勤敏就有大的贡献，慈惠就能使唤他人。”

17.7 佛肸召[①]，子欲往。

子路曰：“昔者由也闻诸夫子曰：‘亲于其身为不善者，君子不入也。’佛肸以中牟畔，子之往也，如之何？”

子曰：“然，有是言也。不曰坚乎，磨而不磷[②]；不曰白乎，涅而不缁[③]。吾岂匏瓜也哉[④]？焉能系而不食？”

【注释】 ①佛肸（xī）：晋国范中行的家臣，为中牟（晋邑，故址在今河北邢台、邯郸间）县长。赵简子攻打范中行，佛肸据中牟抗拒赵。②磷：音 lìn，薄。③涅：音 niè，染黑。④匏瓜：匏，音 hù，今写作“瓠”，即葫芦，可系于腰凫水。

【译文】 佛肸叫孔子去，孔子打算动身。

子路说：“从前我听老师说过‘亲自做坏事的人那里，君子是不去的’。如今佛肸盘踞中牟谋反，您却要去，怎么说得过去呢？”

孔子说："对，我说过这话。但是，你不知道吗？最坚固的东西，磨也磨不薄；最白的东西，染也染不黑。我难道是匏瓜吗？哪里只能系在腰间而不让人吃呢？"

17.8 子曰："由也！女闻六言六蔽矣乎[①]？"对曰："未也。"

"居！吾语女。好仁不好学，其蔽也愚；好知不好学，其蔽也荡；好信不好学，其蔽也贼；好直不好学，其蔽也绞；好勇不好学，其蔽也乱；好刚不好学，其蔽也狂。"

【注释】 ①言：这里指字；六言，即仁、知、信、直、勇、刚六字。

【译文】 孔子说："仲由啊，你听过有六种品德便会有六种弊病吗？"子路答道："没有。"

孔子说："坐下！我告诉你。爱仁德，而不爱学问，它的弊病就是容易受人愚弄；爱玩弄小聪明，而不爱学问，它的弊病就是放荡而无基础；爱诚实，而不爱学问，它的弊病就是（容易被人利用，反而）害了自己；爱直率，而不爱学问，它的弊病就是说话尖刻，刺痛人心；爱勇敢，而不爱学问，它的弊病就是捣乱闯祸；爱刚强，而不爱学问，它的弊病就是胆大妄为。"

17.9 子曰："小子何莫学夫诗？诗，可以兴，可以观，可以群，可以怨。迩之事父，远之事君；多识于鸟兽草木之名。"

【译文】 孔子说："同学们，你们中间为什么没有人研究诗？读诗，可以培养想象力，可以提高观察力，可以锻炼合群性，可以学会讽刺方法。近呢，可以运用其中的道理来服事父母；远呢，可以用来服事君上；而且能多多记住鸟兽草木的名称。"

17.10 子谓伯鱼曰："女为《周南》《召南》矣乎[1]？人而不为《周南》《召南》，其犹正墙面而立也与[2]？"

【注释】 ①《周南》《召南》：《诗经·国风》排在最前面的两个部分，《周南》有11首诗，《召南》有14首。②正墙面而立：意思是说虽近在咫尺，却不能见，不能行。

【译文】 孔子对伯鱼说："你研究过《周南》和《召南》了吗？人如果不研习《周南》和《召南》，那就如同脸对着墙壁站着呢！"

17.11 子曰："礼云礼云，玉帛云乎哉？乐云乐云，钟鼓云乎哉？"

【译文】 孔子说："礼呀礼呀，难道只是就玉帛等礼物说的吗？乐啊乐啊，难道只是就钟鼓等乐器说的吗？"

17.12 子曰："色厉而内荏，譬诸小人，其犹穿窬之盗也与[1]？"

【注释】 ①穿窬：穿，在墙上打洞；窬，音yú，翻墙。

【译文】 孔子说："脸色严厉，内心怯弱，若用坏人作比喻，怕像个挖洞跳墙的小偷吧！"

17.13 子曰："乡愿，德之贼也。"

【译文】 孔子说："不分是非的好好先生是足以败坏道德的小人。"

17.14 子曰："道听而途说，德之弃也。"

【译文】 孔子说："听到小道消息就四处传播，这是应该革除的作风。"

17.15 子曰："鄙夫可与事君也与哉[①]？其未得之也，患得之[②]。既得之，患失之。苟患失之，无所不至矣。"

【注释】 ①可与事君：王引之《经传释词》谓"可与"即"可以"，误。与，介词，其宾语"之"未出现。介词"与"后的宾语常常不出现，特别是当它的宾语在前文出现过时。可与事君，即可与他一道侍奉君主。详见北大出版社《论语新注新译》这一章的《考证》（一）。②患得之：古今诸多学者认为"患得之"上脱去一"不"字，此说俨然已成定论。我们认为未必如此。1. 迄至战国晚期，文献中未见"不得之"。当"得"为"获得""取得"义时，"得之"的否定形式都是"不得"；也即当时语言中不会出现"不得之"。2. 连词"既"两边的成分具有一致性。既然后句为"既得之"，前句就不可能是"患不得之"，而只能是"患得之"。3.《老子》十三章："得之若惊，失之若惊，是谓宠辱若惊。"可知当时语言中有着与"患得患失"类似的说法。详见北大出版社《论语新注新译》这一章的《考证》（二）。

【译文】 孔子说："乡巴佬，难道能同他一道侍奉君主吗？当他没得到的时候，害怕会得到；已经得到，又害怕会失去。假如总担心失去，就什么事都做得出来了。"

17.16 子曰："古者民有三疾，今也或是之亡也，古之狂也肆，今之狂也荡；古之矜也廉[①]，今之矜也忿戾；古之愚也直，今之愚也诈而已矣。"

【注释】 ①廉：本义是器物的棱角，引申为行为方正有威。

【译文】 孔子说："古代的人民还有三种（可贵的）毛病，现在呀，或许连这些也没有了。古代的狂人肆意直言，现在的狂人便放荡无羁了；古代矜持的人还有些不能触犯的地方，现在矜持的人却只是一味恼羞成怒，无理取闹罢了；古代的愚人还直率，现在的愚人只是要要欺诈手段罢了。”

17.17 子曰：“巧言令色，鲜矣仁！”[①]

【注释】 ①此章与1.3重复。

【译文】 孔子说：“花言巧语，满脸堆笑，这种人，是没有多少仁德的。”

17.18 子曰：“恶紫之夺朱也[①]，恶郑声之乱雅乐也，恶利口之覆邦家者。”

【注释】 ①紫之夺朱：春秋时，紫色已逐渐取代朱色的正色地位了。

【译文】 孔子说：“我憎恶紫色夺去了大红色的光彩和地位，憎恶郑国的乐曲破坏了典雅的乐曲，憎恶强嘴利舌颠覆国家的人。”

17.19 子曰：“予欲无言。”子贡曰：“子如不言，则小子何述焉？”子曰：“天何言哉？四时行焉，百物生焉，天何言哉？”

【译文】 孔子说：“我想不说话了。”子贡说：“您假如不说话，那我们传述什么呢？”孔子说：“天说了什么呢，四季还是照样运行，百物还是照样生长，天说了什么呢？”

17.20 孺悲欲见孔子[①]，孔子辞以疾。将命者出户，取瑟而歌，使之闻之[②]。

【注释】 ①孺悲：鲁国人。②据孟子所说，这样做也是“教”的一种方法。

【译文】　孺悲来，要会晤孔子，孔子托言有病，拒绝见他。传命的人刚出房门，孔子便取下瑟边弹边唱，故意使孺悲听见。

17.21 宰我问："三年之丧，期已久矣。君子三年不为礼，礼必坏；三年不为乐，乐必崩。旧谷既没，新谷既升，钻燧改火①，期可已矣②。"

子曰："食夫稻③，衣夫锦，于女安乎？"曰："安。"

"女安，则为之！夫君子之居丧，食旨不甘，闻乐不乐，居处不安④，故不为也。今女安，则为之！"

宰我出，子曰："予之不仁也！子生三年⑤，然后免于父母之怀。夫三年之丧，天下之通丧也，予也有三年之爱于其父母乎？"

【注释】　①钻燧改火：古代钻木取火，被钻的木，四季不同，一年一轮回。②期：音jī，一年。③稻：古代北方稻的耕种面积很小，稻米自是珍品。④居处不安：古代孝子要住在草棚里，睡草垫子，用土块做枕头。这里"居处"是指平日的居住生活。⑤三年：三个年头。

【译文】　宰我问道："父母死了，守孝三年，为期也太久了。君子三年不去演习礼仪，礼仪一定会被废弃；三年不去演奏音乐，音乐一定会失传。陈谷既已吃完，新谷又已登场；打火用的燧木又经过了一个轮回，一年，应该是够了。"

孔子说："（父母死了，不到三年，）你便吃那白米饭，穿那花缎衣，你心里安不安呢？"宰我说："安。"

孔子便抢着说："你觉得安，你就这样做吧！君子守孝，吃美味不晓得甜，听音乐不觉得快乐，住在家里不以为舒适，才不这样做。如今你既然心安理得，就去这样做好了。"

宰我退出去后，孔子说："宰予真不仁哪！儿女生下来，三年后才能完全脱离父母的怀抱。替父母守孝三年，天下都是这样的。宰予难道就没有从他父母那里得到怀抱三年的爱护吗？”

17.22 子曰：“饱食终日，无所用心，难矣哉！不有博弈者乎[①]？为之，犹贤乎已[②]。”

【注释】 ①博：一种棋局。②已：不动。

【译文】 孔子说：“整天吃饱了撑着，什么事也不做，不行的啊！不是有掷采下棋的游戏吗？干干也比闲着好。”

17.23 子路曰：“君子尚勇乎？”子曰：“君子义以为上[①]，君子有勇而无义为乱，小人有勇而无义为盗。”

【注释】 ①尚、上：“尚勇”的“尚”和“上”相同，但用作动词。

【译文】 子路问道：“君子尊尚勇敢吗？”孔子说：“君子认为义是最值得尊尚的，君子只有勇，没有义，就会捣乱造反；小人只有勇，没有义，就会做土匪强盗。”

17.24 子贡曰：“君子亦有恶乎[①]？”子曰：“有恶：恶称人之恶者，恶居下流而讪上者[②]，恶勇而无礼者，恶果敢而窒者。”

曰：“赐也亦有恶乎？”“恶徼以为知者[③]，恶不孙以为勇者，恶讦以为直者[④]。”

【注释】 ①恶：音wù，厌恶，憎恶。②居下流而讪上：流，晚唐以前的《论语》文本无此字，可见为衍文；讪，音shàn，诋毁。③徼：音jiāo，徼袭，抄袭，据为己有。④讦：音jié，揭别人隐私。

【译文】 子贡说：“君子也有所憎恶的事吗？”孔子说：“有憎恶的事：

憎恶专讲别人缺点的人，憎恶在下位而诋毁上级的人，憎恶勇敢却不懂礼节的人，憎恶勇于贯彻自己的主张，却顽固不化，一条道走到黑的人。”

孔子又说：“赐，你也有所憎恶的事吗?”子贡随即答道：“我憎恶抄袭别人的成果还自以为得计的人，憎恶毫不谦虚却自以为勇敢的人，憎恶揭发别人隐私却自以为直率的人。”

17.25 子曰：“唯女子与小人为难养也①，近之则不孙，远之则怨。”

【注释】 ①女子：据我们从《左传》《论语》中全面调查，这一时代“女子”含义和当今该词含义大致相当。可参见《左传》僖公元年、成公二年、定公五年相关文字。有的文章说“女子”意为“你的儿子”“你这位先生”，大误。详见北大出版社《论语新注新译》这一章的《考证》。

【译文】 孔子说：“只有女子和小人是难得打交道的，亲近了，他便无礼；疏远了，他又怨恨。”

17.26 子曰：“年四十而见恶焉，其终也已。”

【译文】 孔子说：“到了四十岁还被人厌恶，这个人的一生哪就算完了。”

微子篇第十八

共十一章

18.1 微子去之[①]，箕子为之奴[②]，比干谏而死[③]。孔子曰："殷有三仁焉。"

【注释】 ①微子去之：微子，名启，纣王兄。之，指商纣王。②箕子：纣叔父，数谏纣王，不听，佯狂为奴。③比干：纣叔父，力谏纣王，被剖心致死。

【译文】 （纣王荒淫残暴，）微子便离开了他，箕子做了他的奴隶，比干进谏而被杀。孔子说："殷朝有三位仁人。"

18.2 柳下惠为士师，三黜。人曰："子未可以去乎？"曰：

"直道而事人，焉往而不三黜？枉道而事人，何必去父母之邦？"

【译文】　柳下惠当法官，多次被撤职。有人对他说："您不可以离开鲁国吗？"他道："正直地工作，到哪里去不多次被撤职？不正直地工作，为什么一定要离开祖国呢？"

18.3 齐景公待孔子曰："若季氏，则吾不能；以季孟之间待之。"曰："吾老矣，不能用也[①]。"孔子行。

【注释】　①曰："吾老矣，不能用也"：这两句话有歧义：是齐景公说的，还是孔子说的，有不同解释；如果是齐景公说的，是景公说自己"不能用"，还是说不能用孔子，也有不同解释。首先，我们认为是齐景公说的。因为，一是，如果这话是孔子所说，根据《论语》句例，作为主语的"子"或"孔子"必须在"曰"前出现。此处没有出现，所以，"吾老矣，不能用也"只能是前文出现的主语"齐景公"说的。二是，"吾老矣，不能用也"的下文"孔子行"也说明这句话不是孔子说的；否则，依《论语》句例，"孔子"不必出现。与之相关，本章"曰"之前没有出现的主语若是孔子，依当时句例，应当不是"孔子行"，而是"遂行"或"乃行"。其次，我们认为是齐景公说自己"不能用"。当时语言中，如果是景公说不能用孔子，则"用"之后要带宾语。详见北大出版社《论语新注新译》这一章的《考证》。

【译文】　齐景公讲到怎样对待孔子时说："用鲁君对待季氏的规格，那我做不到；我要给他次于季氏而高于孟氏的待遇。"又说："我老了，没什么作为了。"孔子便离开了齐国。

18.4 齐人归女乐[①]，季桓子受之[②]，三日不朝，孔子行。

【注释】　①归：通"馈"。②季桓子：即季孙斯，时为掌握鲁国权柄的执政上卿。

【译文】 齐国送了许多歌姬舞女给楚国，季桓子接受了，三天不问政事，孔子就离职走了。

18.5 楚狂接舆歌而过孔子曰[①]："凤兮凤兮！何德之衰？往者不可谏，来者犹可追[②]。已而，已而！今之从政者殆而！"

孔子下，欲与之言。趋而辟之，不得与之言。

【注释】 ①接舆：《论语》所记隐士皆非真名。如司门者谓之"晨门"，持杖者谓之"丈人"，被问津者谓之"沮""溺"，接（靠近）孔子之舆（车子）者谓之"接舆"。②犹可追：赶得上，来得及的意思。

【译文】 楚国的狂人接舆一边走过孔子的车子，一边唱着歌："凤凰啊，凤凰啊！为什么美的德行会如此衰微？过去的已不可劝止，未来的还可以追回。算了吧，算了吧！现在的执政者们危乎其危！"

孔子下车，想和他谈谈，他却连忙躲开，孔子没和他谈成。

18.6 长沮、桀溺耦而耕[①]，孔子过之，使子路问津焉。

长沮曰："夫执舆者为谁[②]？"

子路曰："为孔丘。"

曰："是鲁孔丘与？"

曰："是也。"

曰："是知津矣。"

问于桀溺。

桀溺曰："子为谁？"

曰："为仲由。"

曰："是鲁孔丘之徒与？"

对曰："然。"

【注释】 ①耦耕：古代一种人力耕田法，但春秋时已普及牛耕，这里的"耦耕"不过是二人做庄稼活罢了。从这一段到"丘不与易也"为一章，今为阅读方便，分为二节。②执舆：驾车；因子路已下车，所以孔子代为驾驭。

【译文】 长沮、桀溺两人一同耕田，孔子从那儿路过，让子路去问渡口。

长沮问子路："那位驾车子的是谁？"

子路说："是孔丘。"

他又说："他是鲁国的那位孔丘吗？"

子路说："对呀。"

长沮说："他嘛，早晓得渡口在哪儿了。"

又去问桀溺。

桀溺说："您是谁？"

子路说："我是仲由。"

桀溺说："您是鲁国孔丘的门徒吗？"

答道："是的。"

曰："滔滔者天下皆是也，而谁以易之？且而与其从辟人之士也[①]，岂若从辟世之士哉？"耰而不辍[②]。

子路行以告。

夫子怃然曰[③]："鸟兽不可与同群，吾非斯人之徒与而谁与？天下有道，丘不与易也。"

【注释】 ①而与其从辟人之士：而，同"尔"；辟，同"避"。②耰：音 yōu，即播种之后，再以土覆之。③怃然：怅惘失意貌；怃，音 wǔ。

【译文】　桀溺便说："像洪水一样的坏东西到处都是，你们同谁去改革它呢？你与其跟着（孔丘那种）逃避坏人的人，为什么不跟着（我们这些）逃避整个社会的人呢？"说完，仍旧不停地干农活。

子路回来把这些报告给孔子。

孔子很失望地说："我们既然不可以同飞禽走兽合群共处，若不同人群打交道，又同什么去打交道呢？如果天下太平，我就不会同你们一道来从事改革了。"

18.7 子路从而后①，遇丈人，以杖荷蓧②。

子路问曰："子见夫子乎？"丈人曰："四体不勤，五谷不分，孰为夫子？"植其杖而芸。子路拱而立。

止子路宿，杀鸡为黍而食之，见其二子焉。

【注释】　①从"子路从而后"到"道之不行，已知之矣"为一章，今分为二节。②蓧：音 diào，古代除草用的农具。

【译文】　子路跟随着孔子，掉了队，碰到一个老头儿，用拐杖挑着除草用的工具。

子路问道："您看见了我的老师吗？"老头儿道："你这人，四肢不劳动，五谷不认识，谁认识你的老师？"说完，便扶着拐杖去除草。子路拱着手恭敬地站着。

老头儿便留子路到他家住宿，杀鸡、做饭给子路吃，又叫他两个儿子出来相见。

明日，子路行以告。

子曰："隐者也。"使子路反见之。至，则行矣。

子路曰："不仕无义。长幼之节，不可废也；君臣之义，如

之何其废之？欲洁其身，而乱大伦。君子之仕也，行其义也；道之不行，已知之矣。”

【译文】 第二天，子路赶上了孔子，报告了这件事。

孔子说：“这是位隐士。”叫子路返回去再看看他。子路到了那里，他却走开了。

子路便说：“不做官是不对的。长幼间的人伦，是不可能废弃的；君臣间的大义，怎么能不管呢？您原想不玷污自身，却不知这样做便违反了君臣之间的大伦常。君子出来做官，只是为了尽应尽之责；至于我们的政治主张行不通，早就知道了。”

18.8 逸民[①]：伯夷、叔齐、虞仲、夷逸、朱张、柳下惠、少连[②]。子曰：“不降其志，不辱其身，伯夷、叔齐与！”谓：“柳下惠、少连，降志辱身矣，言中伦，行中虑，其斯而已矣。”谓：“虞仲、夷逸，隐居放言，身中清，废中权。我则异于是，无可无不可。”

【注释】 ①逸民：隐逸之民。何晏《集解》：“逸民者，节行超逸也。”皇侃《义疏》：“逸民者，谓民中节行超逸不拘于世者也。”我们不取此说，因为终先秦之世，未见“逸”表“超逸”者。“逸”有“安逸”义，似乎与“超逸”义近，但多含贬义。《论语》时代“逸”最为常见的义位是“逃逸”，进而引申出“隐逸”义。而伯夷、叔齐、柳下惠诸人均隐逸不仕者。上文的长沮、桀溺就是所谓“逸民”。详见北大出版社《论语新注新译》这一章的《考证》。②虞仲、夷逸、朱张、少连：四人言行多已不可考。

【译文】 古今隐逸不仕的贤人有伯夷、叔齐、虞仲、夷逸、朱张、柳下惠、少连。孔子说：“不动摇自己意志，不辱没自己身份的，是伯夷、叔齐吧！”又说：“柳下惠、少连降低自己意志，屈辱自己身份了，可是言语合乎法度，行为经过思虑，那也不过如此罢了。”又说：“虞仲、夷逸逃世隐居，放肆直言。行为廉洁，被废弃的是他的权术。我就和他们这些人不同，没有什么可以，也没有什么不可以。”

18.9 大师挚适齐[①]，亚饭干适楚[②]，三饭缭适蔡[③]，四饭缺适秦，鼓方叔入于河，播鼗武入于汉[④]，少师阳、击磬襄入于海[⑤]。

【注释】 ①大师挚：可能是《泰伯篇》中的“师挚”。②亚饭：古代天子诸侯用饭要奏乐，所以乐官有“亚饭”“三饭”“四饭”之名。③缭：音 liáo。④鼗：音 táo，有柄的小鼓。⑤磬：音 qìng，石制的乐器，形状似矩。

【译文】 太师挚逃到了齐国，亚饭乐师干逃到了楚国，三饭乐师缭逃到了蔡国，四饭乐师缺逃到了秦国，打鼓的方叔入居黄河之滨，摇小鼓的武居汉水之涯，少师阳和击磬的襄入居海边。

18.10 周公谓鲁公曰[①]：“君子不施其亲[②]，不使大臣怨乎不以。故旧无大故[③]，则不弃也。无求备于一人。”

【注释】 ①鲁公：周公旦的儿子伯禽。②施：通“弛”。③大故：孔安国说：“大故，谓恶逆之事也。”即不忠不孝之事。详见北大出版社《论语新注新译》这一章的《考证》。

【译文】 周公对鲁公说道：“君子不怠慢他的亲族，不让大臣抱怨没被信用。老臣故人没有不忠不孝，就不抛弃他。不要对某一人求全责备！”

18.11 周有八士：“伯达、伯适、仲突、仲忽、叔夜、叔夏、季随、季騧[①]。”

【注释】 ①此八人已无可考；騧，音 guā。

【译文】 周朝有八个有教养的人：“伯达、伯适、仲突、仲忽、叔夜、叔夏、季随、季騧。”

子张篇第十九

共二十五章

19.1 子张曰："士见危致命，见得思义，祭思敬，丧思哀，其可已矣。"

【译文】 子张说："读书人看见危险便肯献出生命，看见有所得便考虑是否该得，祭祀时想到要严肃恭敬，居丧时记着要悲痛哀伤，那也就可以了。"

19.2 子张曰："执德不弘①，信道不笃，焉能为有？焉能为亡？"

【注释】 ①弘：大。用以表程度。有人说这里应该用"强"而不该用“大”来表程度，这是用现代汉语的语言表达习惯去解释古汉语，当然不对；但翻译为“强”是可以的。

【译文】　子张说：“对德行的秉持不坚定，对道义的信守不执着，（这种人，）有他也可，无他也可。”

19.3 子夏之门人问交于子张。子张曰：“子夏云何？”

对曰：“子夏曰：‘可者与之，其不可者拒之。’”

子张曰：“异乎吾所闻：君子尊贤而容众，嘉善而矜不能。我之大贤与，于人何所不容？我之不贤与，人将拒我，如之何其拒人也？”

【译文】　子夏的学生向子张请教怎样交朋友。子张说：“子夏说了些什么？”

答道：“子夏说，可以交的结交他，不可以交的拒绝他。”

子张说：“这不同于我所听到的：君子尊敬贤人，也容纳普通人；鼓励好人，可怜无能的人。我是大好人吗，什么人容不下呢？我是坏人吗，别人将拒绝我，我还如何去拒绝别人呢？”

19.4 子夏曰：“虽小道，必有可观者焉；致远恐泥，是以君子不为也。”

【译文】　子夏说：“即便是小技艺，也一定有可取之处；恐怕它影响远大目标，所以君子不去从事。”

19.5 子夏曰：“日知其所亡，月无忘其所能，可谓好学也已矣。”

【译文】　子夏说：“每天学习所未知的，每月复习所掌握的，就可以说是好学了。”

19.6 子夏曰：“博学而笃志[①]，切问而近思，仁在其中矣。”

【注释】 ①笃志：笃于其志，坚守自己的志向。详见北大出版社《论语新注新译》这一章的《考证》。

【译文】 子夏说：“广泛地学习，坚守自己的志向；恳切地发问，多考虑当前的问题，仁德就在这中间了。”

19.7 子夏曰：“百工居肆以成其事，君子学以致其道。”

【译文】 子夏说：“工匠们在工棚里完成他们的任务，君子则通过学习来求得真理。”

19.8 子夏曰：“小人之过也必文。”

【译文】 子夏说：“小人对于错误一定加以掩饰。”

19.9 子夏曰：“君子有三变：望之俨然，即之也温，听其言也厉。”

【译文】 子夏说：“君子有三变：远望着庄严令人敬畏；走近又显得和蔼可亲；听他说话，则严厉不苟。”

19.10 子夏曰：“君子信而后劳其民；未信，则以为厉己也。信而后谏；未信，则以为谤己也。”

【译文】 子夏说：“君子必须得到信任以后才去动员百姓，否则百姓会以为你在折磨他们。必须得到信任以后才去进谏，否则君上会以为你在毁谤他。”

19.11 子夏曰：“大德不逾闲[1]，小德出入可也。”

【注释】 ①闲：栅栏，此指一定的范围。

【译文】 子夏说：“人的重大节操不能逾越界限，生活小节上稍微放松一点是可以的。”

19.12 子游曰：“子夏之门人小子[1]，当洒扫应对进退，则可矣——抑末也，本之则无。如之何？”

子夏闻之，曰：“噫！言游过矣！君子之道，孰先传焉？孰后倦焉？譬诸草木，区以别矣。君子之道，焉可诬也？有始有卒者，其惟圣人乎！”

【注释】 ①门人小子：此四字古来连读。清代武亿、潘维城等认为：“‘小子’即‘门人’，经文复出，无谓矣。”程树德也说：“此小子即门人也。古人无此累赘重复文法。”他们都主张在“小子”后点断，作“子夏之门人，小子当洒扫应对进退”。按，古人有此文法，且并非“累赘重复”，而是一种修辞手法，可加强表达效果。相关书证不少。详见北大出版社《论语新注新译》这一章的《考证》。

【译文】 子游说：“子夏的学生，叫他们做做打扫、接待客人、应对进退的工作，是可以的；不过这都只是末节，学术的根本他们却缺乏。这怎么可以呢？”

子夏听了这话，便说：“嗨！言游说错了！君子的学术，哪一项先传授，那一项后讲述呢？学术好比草木，是要区别为各种各类的。君子的学术，如何可以歪曲？（按部就班，循序渐进传授学术而）有始有终的，大概只有圣人吧！”

19.13 子夏曰："仕而优则学[1]，学而优则仕。"

【注释】 ①优：优游，得闲，得空。

【译文】 子夏说："做官了，有空闲便去学习；学习了，有空闲便去做官。"

19.14 子游曰："丧致乎哀而止。"

【译文】 子游说："居丧，真正做到了哀伤也就够了。"

19.15 子游曰："吾友张也为难能也，然而未仁。"

【译文】 子游说："我的朋友子张是难能可贵的了，然而还算不上仁。"

19.16 曾子曰："堂堂乎张也，难与并为仁矣。"

【译文】 曾子说："子张真够得上是威仪堂堂了，难以携带别人一同进入仁德。"

19.17 曾子曰："吾闻诸夫子：人未有自致者也，必也亲丧乎！"

【译文】 曾子说："我听老师说过，平常时候，人的感情不可能自动地充分得以发挥，如果有，那一定是父母亡故的时候吧！"

19.18 曾子曰："吾闻诸夫子：孟庄子之孝也[1]，其他可能也；其不改父之臣与父之政，是难能也。"

【注释】 ①孟庄子：鲁大夫孟献子仲孙蔑之子，名速。这一章当与"三年无改于父之道，可谓孝矣"（1.11）结合看。

【译文】　曾子说："我听老师说过：孟庄子的孝，别的都容易做到；而他留用父亲的旧臣，保持父亲的旧政，这是难以做到的。"

19.19 孟氏使阳肤为士师[①]，问于曾子。曾子曰："上失其道，民散久矣[②]。如得其情[③]，则哀矜而勿喜！"

【注释】　①阳肤：曾子的弟子。②民散：与"民处""民聚"意义相反，指人民流离失所。《管子·七法》："百姓不安其居则轻民处而重民散。轻民处，重民散，则地不辟。"《礼记·大学》："是故财聚则民散，财散则民聚。"有些《论语》注本说"民散"是"百姓离心离德"，不确。详见北大出版社《论语新注新译》这一章的《考证》。③情：实情，真实情形。

【译文】　孟氏任命阳肤为法官，阳肤向曾子求教。曾子说："在上位的人胡作非为，百姓早就流离失所了。你如果能够审出罪犯的真实情形，便应该抱着同情的态度，千万别以此为乐！"

19.20 子贡曰："纣之不善[①]，不如是之甚也。是以君子恶居下流，天下之恶皆归焉。"

【注释】　①纣：即帝辛，殷商最末之君，为周武王所伐，自焚死。

【译文】　子贡说："商纣的坏，不像现在传说的这么厉害。所以君子憎恶居于下流，一居下流，天下的坏事都归结于他了。"

19.21 子贡曰："君子之过也，如日月之食焉：过也，人皆见之；更也，人皆仰之。"

【译文】　子贡说："君子的过失好比日食月食：错的时候，每个人都见得到；改的时候，每个人都仰望着。"

19.22 卫公孙朝问于子贡曰[①]："仲尼焉学？"子贡曰："文武之道，未坠于地，在人。贤者识其大者，不贤者识其小者。莫不有文武之道焉。夫子焉不学，而亦何常师之有？"

【注释】 ①卫公孙朝：公孙朝，人名；言卫公孙朝者，以别于鲁、楚、郑诸国之公孙朝也。

【译文】 卫国的公孙朝向子贡问道："孔仲尼的学问是从哪里学来的？"子贡说："周文王周武王的道，并没有失传，散在人间。贤能的人便抓住大处，不贤能的人只抓些末节。文王武王之道无处不在。我的老师何处不学，又为什么要有一定的老师、专门的传授呢？"

19.23 叔孙武叔语大夫于朝曰[①]："子贡贤于仲尼。"

子服景伯以告子贡。

子贡曰："譬之宫墙[②]，赐之墙也及肩，窥见室家之好。夫子之墙数仞[③]，不得其门而入，不见宗庙之美，百官之富[④]。得其门者或寡矣。夫子之云，不亦宜乎！"

【注释】 ①叔孙武叔：鲁大夫，名州仇。②宫墙：围墙。③仞：七尺。④百官：俞樾及杨树达先生谓"官"字的本义是房舍，其后才引申为官职之义，说见《群经平议》和《积微居小学金石论丛》。但《小学金石论丛》未引《论语》此例；而杨树达先生《论语疏证》亦未提及此例。经典中"百官"所在多有，均指众官吏。根据语言的社会性原则，我们仍解释此例"百官"为"众官吏"。

【译文】 叔孙武叔在朝堂之上对众官员说："子贡比仲尼还要强些。"

子服景伯便把这话告诉了子贡。

子贡说："把这事儿比做围墙吧：我家的围墙只能齐肩，谁都能一望而知房屋的美好。我老师的围墙高达数丈，找不到大门进去，就看不到那宗庙的雄伟，百官的富赡。能够找到大门的人或许不多吧，那么，武叔他老人家说这话，不是很自然吗?”

19.24 叔孙武叔毁仲尼。子贡曰：“无以为也！仲尼不可毁也。他人之贤者，丘陵也，犹可逾也；仲尼，日月也，无得而逾焉。人虽欲自绝，其何伤于日月乎？多见其不知量也[①]。”

【注释】 ①多：程度副词，与“多行不义必自毙”的“多”用法一样；可翻译为“足以”“确实”。有的《论语》注本依王引之《经传释词》说“多”表示“只”，不确。详见北大出版社《论语新注新译》这一章的《考证》。

【译文】 叔孙武叔毁谤仲尼。子贡说：“不要这样做！仲尼是骂不倒的。别人的贤能，好比山丘，还可以越过去；仲尼，简直是太阳和月亮，是不可逾越的。一个人纵然要自绝于太阳月亮，那对太阳月亮有什么损害呢，足以显示他不自量罢了。”

19.25 陈子禽谓子贡曰：“子为恭也，仲尼岂贤于子乎?”

子贡曰：“君子一言以为知，一言以为不知，言不可不慎也。夫子之不可及也，犹天之不可阶而升也。夫子之得邦家者，所谓立之斯立，道之斯行，绥之斯来，动之斯和。其生也荣，其死也哀，如之何其可及也。”

【译文】 陈子禽对子贡说：“您太谦虚了，仲尼难道比您还强吗?”

子贡说：“有身份的人可以因一句话表现出他的智慧，也可因一句话表现出他的无知，所以说话不可不谨慎。他老人家的不可超越，犹如青天的不可以用阶梯爬上去。他老人家如果得国而为诸侯，或者得到采邑而为卿大夫，那正如我们所说的一叫百姓人人能立足于社会，百姓自会人人能立足于社会；一引导百姓，百姓自会前进；一安抚百姓，百姓自会从远方来投靠；一动员百姓，百姓自会同心协力。他老人家，生得光荣，死得可惜，又怎么能够赶得上呢？”

尧曰篇第二十

共三章

20.1 尧曰："咨！尔舜！天之历数在尔躬，允执其中。四海困穷，天禄永终。"舜亦以命禹[1]。

【注释】 ①此章文字前后不相连贯，疑有脱落，今分作六节，以便观览。

【译文】 尧（让位给舜的时候，）说道："啧啧！你这位舜，上天的大命已经落在你身上了，诚实地保持着那正确吧！如果天下的百姓都困苦贫穷，上天给你的禄位也会永远终止。"

舜让位给禹的时候，也说了这番话。

曰："予小子履敢用玄牡[1]，敢昭告于皇皇后帝：有罪不敢赦，帝臣不蔽，简在帝心[②]。朕躬有罪，无以万方；万方有罪，罪在朕躬。”

【注释】 ①予小子履敢用玄牡：予小子，同“予一人”，上古帝王自称之词；履，汤的别名；玄，黑；牡，母牛。②帝臣不蔽简在帝心：帝臣，天子之臣。不蔽，不蔽其善。简，检阅，明白。此句谓众臣之善我也不隐瞒掩盖，您心里是清楚明白的。有的《论语》注本解“不蔽”为不掩饰罪恶，但经籍中言“不蔽”者，多为不蔽其善、其贤、其能。详见北大出版社《论语新注新译》这一章的《考证》。

【译文】 （汤）说：“我后生晚辈履谨用黑色牡牛作牺牲，斗胆明白无误地禀告光明伟大的天帝：有罪的人（我）不敢擅自去赦免他，诸臣工（的好处）我也不隐瞒掩盖，您心里应该是清楚明白的。我本人若有罪，就不要牵连天下万方；天下万方若有罪，都归我一人来承担。”

周有大赉[①]，善人是富。“虽有周亲，不如仁人。百姓有过，在予一人[②]。”

【注释】 ①赉：音lài，赐予。②此四句为周武王封诸侯之辞。

【译文】 周朝大封诸侯，使善人都富贵起来。“我虽然有至亲，却不如有仁德之人。百姓如果有过错，应该由我来担承。”

谨权量，审法度[①]，修废官[②]，四方之政行焉。兴灭国，继绝世，举逸民，天下之民归心焉。

【注释】 ①谨权量，审法度：权，衡轻重者；量，衡体积者；法度，衡长短者。②此九字以下是孔子的话。

【译文】 检验并审定度量衡，修复已废弃的机关工作，全国的政令就会通行。复兴被灭亡的国家，承续已断绝的后代，提拔被遗落的人才，天下的百姓就都会心悦诚服了。

所重：民、食、丧、祭。

【译文】 所重视的：人民、粮食、丧礼、祭祀。

宽则得众，信则民任焉[1]，敏则有功，公则说[2]。

【注释】 ①此五字为衍文。②《尧曰篇》第一章到此结束。

【译文】 宽厚就会得到群众的拥护，勤敏就会有功绩，公平就会使百姓高兴。

20.2 子张问于孔子曰[1]：“何如斯可以从政矣？”子曰：“尊五美，屏四恶，斯可以从政矣。”

子张曰：“何谓五美？”子曰：“君子惠而不费，劳而不怨，欲而不贪[2]，泰而不骄，威而不猛。”

【注释】 ①从这句到“出纳之吝谓之有司”为一章，今分为二节。②欲：指欲得仁义，从下文“欲仁而得仁，又焉贪”可知。

【译文】 子张问孔子说：“要怎样才可以治理政事呢？”孔子说：“尊尚五美，摒弃四恶，这样就可以治理政事了。”

子张说：“什么叫五美？”孔子说：“君子为人民谋利益，自己却无所耗费；劳动百姓，百姓却不怨恨；欲仁欲义，而不贪财贪利；安泰矜持却不骄傲；威严却不凶猛。”

子张曰：“何谓惠而不费？”

子曰：“因民之所利而利之，斯不亦惠而不费乎？择可劳而劳之，又谁怨[1]？欲仁而得仁，又焉贪？君子无众寡，无小大，无敢慢，斯不亦泰而不骄乎？君子正其衣冠，尊其瞻视，俨然人望而畏之，斯不亦威而不猛乎？”

子张曰：“何谓四恶？”

子曰：“不教而杀谓之虐；不戒视成谓之暴；慢令致期谓之贼；犹之与人也，出纳之吝谓之有司[②]。”

【注释】 ①又谁怨：上古汉语疑问代词作宾语时，通常置于谓语动词的前面；副词“又”通常都紧接谓语动词，通常都位于主语后面——即主语通常位于副词“又”的前面。本例的“谁”位于动词前面，“又”的后面，当然是宾语而非主语。因此，“又谁怨”意为“又能怨谁”。好些《论语》注本把“谁”理解为主语，将“又谁怨”译作“又有谁来怨恨呢”“谁还会怨恨呢”，实误。详见北大出版社《论语新注新译》这一节的《考证》。②出纳之吝谓之有司：出纳，这里用作偏义复词，只有“出”的意义；有司，古代管事者，职务卑微。

【译文】 子张说：“为人民谋利益，自己却无所耗费，这是什么意思？”

孔子说：“顺应大众的利益而使他们得利，这不是施惠于人自己却没破费吗？选择可以役使的时机去役使百姓，（百姓）又能怨恨谁呢？追求仁德又得到了仁德，还贪求什么呢？无论人多人少，无论势力大小，都不怠慢他们，这不就是虽然矜持自负却不盛气凌人吗？君子衣冠整齐，目不斜视，庄严得使人望之顿生敬畏之心，这不是威严却不凶猛吗？”

子张说：“什么是四恶？”

孔子说：“不加以教育便横加杀戮叫做虐；不加申诫便要成绩叫做暴；起先懈怠，突然限期叫做贼；同是给人以财物，出手悭吝，叫做小家子气。”

20.3 孔子曰：“不知命，无以为君子也；不知礼，无以立也；

不知言，无以知人也。”

【译文】 孔子说：“不懂得命运，没有可能作为君子；不懂得礼，没有可能立足于社会；不懂得分辨人家的言语，没有可能认识人。”